Trabalhar com Foucault
arqueologia de uma paixão

Rosa Maria Bueno Fischer

Trabalhar com Foucault
arqueologia de uma paixão

1ª reimpressão

ESTUDOS FOUCAULTIANOS

autêntica

Copyright © 2012 Rosa Maria Bueno Fischer
Copyright © 2012 Autêntica Editora

Todos os direitos reservados pela Autêntica Editora. Nenhuma parte desta publicação poderá ser reproduzida, seja por meios mecânicos, eletrônicos, seja via cópia xerográfica, sem a autorização prévia da Editora.

COORDENADOR DA COLEÇÃO ESTUDOS FOUCAULTIANOS
Alfredo Veiga-Neto

CONSELHO EDITORIAL DA COLEÇÃO ESTUDOS FOUCAULTIANOS
Alfredo Veiga-Neto (UFRGS); Walter Omar Kohan (UERJ); Durval Albuquerque Jr. (UFRN); Guilherme Castelo Branco (UFRJ); Sílvio Gadelha (UFC); Jorge Larrosa (Univ. Barcelona); Margareth Rago (Unicamp); Vera Portocarrero (UERJ)

EDITORA RESPONSÁVEL
Rejane Dias

CAPA
Alberto Bittencourt
(Sobre imagem de Sxchng)

REVISÃO
Dila Bragança

DIAGRAMAÇÃO
Conrado Esteves

Dados Internacionais de Catalogação na Publicação (CIP)
(Câmara Brasileira do Livro, SP, Brasil)

Fischer, Rosa Maria Bueno
  Trabalhar com Foucault : arqueologia de uma paixão / Rosa Maria Bueno Fischer. – 1. ed.;1. reimp. Belo Horizonte : Autêntica Editora; 2020. – (Coleção Estudos Foucaultianos, 9)

  ISBN 978-85-65381-00-0

  1. Artigos filosóficos 2. Filosofia francesa 3. Foucault, Michel, 1926-1984 – Crítica e interpretação 4. Mídia 5. Educação I. Título. II. Série.

  11-14344   CDD-194

Índices para catálogo sistemático:
1. Artigos : Filosofia francesa 194
2. Filósofos franceses 194

Belo Horizonte
Rua Carlos Turner, 420
Silveira . 31140-520
Belo Horizonte . MG
Tel.: (55 31) 3465 4500

São Paulo
Av. Paulista, 2.073, Conjunto Nacional, Horsa I
23º andar . Conj. 2310-2312 Cerqueira César
01311-940 . São Paulo . SP
Tel.: (55 11) 3034 4468

www.grupoautentica.com.br

A meu pai (*in memoriam*),
um amante da palavra.

Agradecimentos

Começo agradecendo ao colega Alfredo Veiga-Neto pela acolhida como coordenador da coleção "Estudos Foucaultianos", na qual a partir deste momento meus textos também se inscrevem. Nossas trocas já têm uma boa história. E nossos diálogos, um deles inclusive publicado em *Educação & Realidade*, não cessam de produzir novas figuras de Foucault – as quais circulam especialmente entre nossos alunos do Programa de Pós-Graduação em Educação da UFRGS.

Desde que ingressei na UFRGS no final dos anos 1990, tenho contado com o trabalho de várias estudantes de Iniciação Científica, cuja companhia tem trazido, sempre, um ar fresco ao cotidiano da formulação de problemas, do levantamento de dados e da preparação de relatórios intermináveis. Não me estendo em nomeá-las individualmente, mas nem por isso meus agradecimentos lhes são menores.

Meus estudantes de mestrado e doutorado, igualmente, participam deste livro e, ao lê-lo, certamente se reconhecerão em algum trecho, em algum exemplo, em alguma frase tantas vezes repetida nas sessões de orientação. A todos desejo que sigam "falando francamente", assumindo a liberdade possível da linguagem em seus trabalhos.

Não poderia deixar de agradecer particularmente à amiga Fabiana de Amorim Marcello, cúmplice, atenta e carinhosa, há muitos anos, de cada um destes escritos.

Minhas filhas Jane e Raquel, a quem apresentei um pouco das inquietações de Foucault, sabem o significado afetivo e intelectual de organizar e publicar este livro. A essas duas pessoas insubstituíveis, um obrigada mais do que especial.

Agradeço ao Programa de Pós-Graduação em Educação da UFRGS, pela abertura de sua proposta acadêmica, sem a qual muitos de nossos trabalhos não se tornariam viáveis.

Agradeço imensamente aos editores das revistas *Educação & Realidade* (da UFRGS), *Perspectiva* (da UFSC), *Verso e Reverso* e *Educação* (ambas da UNISINOS) e *Cadernos de Pesquisa* (da Fundação Carlos Chagas), por autorizarem a publicação dos artigos neste livro.

Finalmente, meus agradecimentos ao CNPq pelo fundamental apoio a partir de 1998, quando ingressei como bolsista de Produtividade em Pesquisa. Desde então, tenho recebido também auxílio financeiro para as investigações tratadas neste livro, além de bolsas de Iniciação Científica e de Apoio Técnico – indispensáveis ao trabalho acadêmico realizado.

Sumário

11 Apresentação

Primeira parte
ACONTECIMENTOS, SUJEITO E DISCURSO

Capítulo 1
21 Na companhia de Foucault: multiplicar acontecimentos

Capítulo 2
33 Um pensador na linha feiticeira

Capítulo 3
51 Foucault e o desejável conhecimento do sujeito

Capítulo 4
73 Sobre discursos e a análise enunciativa

Segunda parte
PESQUISAR COM MICHEL FOUCAULT

Capítulo 5
99 Foucault revoluciona a pesquisa em educação?

Capítulo 6
113 "Técnicas de si" na TV:
a mídia se faz pedagógica

Capítulo 7
133 O visível e o enunciável:
contribuições do pensamento
foucaultiano aos estudos de comunicação

Capítulo 8
147 Quando os meninos de
Cidade de Deus nos olham

163 Referências

Apresentação

"Fiquei fascinado por aquela prosa, na qual encontrei uma beleza intrínseca" – assim descreve Foucault, passados quase trinta anos, seu primeiro encontro em 1957 com a obra de Raymond Russel. Numa de suas tantas entrevistas, ele falava a propósito do livro chamado simplesmente *Raymond Russel* – que ele se recolheu para escrever em apenas dois meses, tal era a paixão que o tinha tomado.

Ao reunir e organizar agora estes textos, escolho o subtítulo "arqueologia de uma paixão", exatamente o mesmo dado àquela entrevista (FOUCAULT, 2001), assumindo que esse autor me é caro, me movimenta intelectual e existencialmente há muito tempo, desde meus vinte e poucos anos, quando li *L'ordre du discours,* na edição original da Gallimard de 1971. Encontrava ali "uma beleza intrínseca" – a elegância das frases bem construídas e, sobretudo, a fineza do pensamento. Desde as primeiras palavras daquela aula magistral, via-me diante de alguém que escrevia como quem, genuinamente, exerce um modo de vida. Hoje, ao ler os textos do curso *O governo de si e dos outros*, realizado no mesmo ano da entrevista sobre Russel, o prazer da leitura é rigorosamente o mesmo, sendo outros e tão distintos os tempos que separam o pequeno livro de 1971 e o novo, de 2010, com suas 380 páginas na tradução para o português.

Se tivesse que decidir-me por apenas dois amores intelectuais, não haveria dúvidas: Michel Foucault e Clarice Lispector. Ambos me fascinam porque me põem a pensar, sem consolação. Ambos fizeram do seu ofício um modo de vida aberto ao outro, carne exposta, liberdade de ser o que eram, entregues aos movimentos mais conflituosos da escrita de si mesmos. Filosofia e literatura em Clarice. Literatura e filosofia em Foucault. Disciplina e simplicidade na romancista, que reconhece: "só se aproximando com humildade da coisa é que ela não escapa totalmente" (LISPECTOR, 2004, p. 62). Simplicidade e disciplina no filósofo, para quem pesquisar tem a ver com "experiência modificadora de si mesmo no jogo da verdade, e não como apropriação simplificadora de outrem para fins de comunicação" (Foucault, 1990b, p. 13).

Esse é o ponto: transformar a si mesmo naquilo e por meio daquilo que se faz, sem jamais esquecer a escuta do mundo, seus mais alucinantes gritos ou os murmúrios menos perceptíveis: "examinar as coisas mais de perto" – frase que lemos repetidas vezes na reprodução de seus cursos no *Collège de France*. Sim. Entregar-se ao pensamento desse jeito, sem pudores, mas com o rigor necessário que vigia as fáceis e levianas afirmações, nas quais podemos cair tantas vezes, em meio às interpelações frequentes do meio acadêmico para que não cessemos de falar e escrever.

Trabalhar com Foucault. Esse o título principal, que eu já havia usado em meu primeiro texto sobre o autor ("A paixão de trabalhar com Foucault", redigido em 1992), na efervescência da escrita da tese de doutorado, *Adolescência em discurso: mídia e produção de subjetividade*. Desde aquele momento, percebia o vigor e a força problematizadora do pensamento foucaultiano, como bem o reconheceu Edward W. Said em 1986, dois anos após a morte do filósofo. Efetivamente, a partir dele tínhamos algo novo entre nós, quanto aos modos de tratar o tema da produção do sujeito, à categoria da estética como enfrentamento do poder e à opção por uma história genealógica e crítica, como forma de intervenção nas redes discursivas e de saber. Para Said, já nos anos 1980 a imaginação do poder em Foucault manifestava uma potência inegável, abrindo as portas para uma série de pesquisas e trabalhos ainda não pensados (Said, 1986, p. 155, trad. minha).

A amplitude plural e ao mesmo tempo rigorosa no tratamento das questões teóricas e políticas, bem como dos objetos de análise e dos materiais empíricos, num cruzamento sem temores dos diferentes campos de saber – essa é uma das principais atitudes intelectuais aprendidas com Foucault. Além disso, a reivindicação do direito de sempre mudar, de cada um exercer força sobre o próprio trabalho intelectual, de enfrentar o que lhe é estranho, adentrando os jogos de verdade, no intento de fazer de si um outro para si mesmo.

> O pensamento não é o que se presentifica em uma conduta e lhe dá sentido; é, sobretudo, aquilo que permite tomar uma distância em relação a essa maneira da fazer ou de reagir, e tomá-la como objeto de pensamento e interrogá-la sobre seu sentido, suas condições e seus fins. O pensamento é liberdade em relação àquilo que se faz, o movimento pelo qual dele nos separamos, constituímo-lo como objeto e pensamo-lo como problema (Foucault, 2004b, p. 231-232).

Pensar as coisas como problema. Tomar distância em relação ao que vemos e ao que sabemos. Transformar constatações em problemas a serem pensados. Investigar o que tornou possível determinado modo de saber, de poder, de ser e estar no mundo – num determinado aspecto de nossa vida. Isso nos ajuda a investigar e a expor de que modo puderam ser construídas diferentes soluções a determinados problemas que nos pusemos, em épocas e lugares distintos. Esse é o trabalho do pensador, na articulação dos três grandes eixos de sua obra – poder, saber e sujeito: investigar figuras históricas nascidas de um jeito específico de problematizar o presente – nos objetos, nas regras discursivas da ação, nos modos de relação consigo mesmo, nas práticas institucionais, nas formas de governo. Enfim, analisar, nas formas singulares das problematizações, aquilo que se enlaça, intimamente, às questões de alcance geral (FOUCAULT, 2000c, p. 350-351).

É, portanto, da história de uma paixão que se trata aqui, nos capítulos que compõem este livro. Ele aparece após quinze anos de estudos e pesquisas, dedicados a aprender, com Foucault, o não aprisionamento a escolas ou etiquetas, deixando-se maravilhar por um pensamento que ousa despir-se e, principalmente, que convoca o leitor a habitar espaços "entre", sempre multiplicados. Juntemos os fios do primeiro livro lido, de 1971, e este do curso sobre *O governo de si e dos outros*, que me ocupa hoje: num e noutro, o insistente tema dos discursos e da verdade; no primeiro, a afirmação da hipótese de que cercar e controlar as coisas ditas não se separa do desejo de evitar os acontecimentos aleatórios, os poderes e perigos da palavra; no outro, a multiplicação de um conceito como o de *parresía*, essa maneira de dizer a verdade, que não se situa nem como estrutura interna do discurso nem em seus possíveis efeitos, mas como agonística, nas práticas de risco enfrentadas por aquele que diz o discurso verdadeiro.

Definitivamente, as palavras de Foucault não nos acalmam; ele mesmo afirma que o pensamento não existe para consolar; pelo contrário, existe para nos abrir aos perigos de nosso tempo, nessa atitude ética e política de enfrentá-los, mais do que ficar apontando certeiras alternativas e soluções (FOUCAULT, 1995c, p. 256). Refiro-me, principalmente, ao perigo maior de "dizer a verdade" – que em Foucault poderá ser multiplicado em muitos e distintos perigos. A célebre afirmação de que "a verdade é deste mundo", repetida algumas vezes ao longo do livro ao qual aqui introduzo os leitores, funciona para mim como um mote básico (não como uma chave que abre todas as portas, é claro) – pois a partir dela entendo que qualquer tema, qualquer objeto, qualquer conceito, do ponto de vista da *arqueo-genealogia*, constituem-se radicalmente na história.

A não fixidez do pensamento em Foucault, assim, permite que se pense o tema da verdade na perspectiva da construção e circulação de saberes, tornados verdadeiros num certo tempo e lugar – com todas as respectivas lutas e formas de governo, de sujeição e subjetivação, nisso implicadas. E, ao mesmo tempo, essa mobilidade estupenda de pensar nos conduz aos últimos cursos no *Collège de France*, nos quais visitamos a filosofia clássica grega e romana e o preceito do *cuidado consigo*, aceitando discutir outras possibilidades quanto a *dizer a verdade*: nelas, ainda o tema do poder e do governo, mas a insistência no "si", e no "para os outros". Movimentamo-nos, portanto, entre os perigos e as urgências dos discursos verdadeiros. Sem consolo.

Divido os oito capítulos do livro em duas partes principais: "Acontecimento, sujeito e discurso" e "Pesquisar com Michel Foucault". Dos oito capítulos, sete foram publicados em periódicos nacionais, entre 1999 e 2008; e um deles, inédito, reproduz uma conferência, também de 1999. Trata-se, portanto, de uma produção que percorre dez anos de minha vida acadêmica, na qual outros materiais foram publicados, em livro ou como capítulos, e nos quais não abro mão da pesquisa empírica, que não existiria sem a formulação de seus objetos, a partir de uma rede conceitual, basicamente foucaultiana, que as sustenta. Alguns títulos permanecem idênticos; outros foram alterados, para uma composição mais harmoniosa do livro. Pequenas modificações foram feitas nos textos, cortando excessos ou simplesmente fazendo referência a *capítulos* e não a *artigos*. Não se obedece aqui a uma ordem cronológica das publicações: iniciamos com o texto de 2004, em homenagem pelos vinte anos da morte de Foucault; e encerramos com a análise do filme *Cidade de Deus*, de 2008.

Na homenagem (capítulo 1 – "Na companhia de Foucault: multiplicar acontecimentos"), seleciono tópicos dos ditos e escritos do filósofo, para dizer de imediato como ele me faz sempre diferente do que sou, como seus trabalhos me sugerem outras formas de inventar aulas, de pesquisar e de escrever. A homenagem faz parte de um conjunto de textos, organizados por mim e pelo professor Alfredo Veiga-Neto, para um dossiê sobre Foucault, em *Educação & Realidade*. Enquanto redigia esse texto, surpreendia-me, feliz, com a então recente publicação no Brasil do curso *A hermenêutica do sujeito* e lamentava já não haver tempo para rever o texto, após um estudo mais cuidadoso daquelas luminosas aulas. A leitura de *A hermenêutica* começava a produzir efeitos novos em mim, sendo responsável por uma guinada importante em minhas pesquisas, cuja atenção se tem voltado, desde 2005, para as questões éticas e estéticas formuladas por Foucault nos últimos anos de sua vida.

"Um pensador na linha feiticeira" dá título ao capítulo 2. Convidada para participar como conferencista do curso "Dos Estruturalismos", dentro do Seminário "A antropoética de Lévi-Strauss", promovido pelo Museu Antropológico do Rio Grande do Sul e pela Casa de Cultura Guimarães Rosa, preparei-me para falar sobre "Estruturalismo e Filosofia: Foucault".

Era setembro de 1999. O desafio não poderia ser maior. Como dirigir-me a um público aberto, misto de curiosos, amantes do pensamento e estudantes da academia? E falar justamente de Foucault estruturalista? A palestra, gravada, foi generosamente transcrita por minhas então bolsistas de Iniciação Científica, Fabiana de Amorim Marcello e Suzana Feldens Schwertner – hoje doutoras e professoras universitárias. E agora me invisto de coragem, publicando um texto que não teme a oralidade – embora vários ajustes tenham sido feitos, nessa passagem do falado para o escrito. Tratava-se ali de apresentar um autor e de problematizar sua localização nos Estruturalismos. Não mais do que isso.

Quanto ao capítulo 3 – "O desejável conhecimento do sujeito" –, nele procuro apresentar as principais polêmicas em torno da concepção de sujeito em Foucault, tendo como ponto de partida algumas perguntas que então me inquietavam naquele ano de 2000, e que estavam atreladas às investigações que fazia sobre as relações entre mídia, educação e produção de subjetividade na cultura.[1] Meu propósito, no texto que se incluía em número especial de *Educação & Realidade*, sobre o polêmico tema do sujeito, era descrever e comentar as permanências e as descontinuidades no modo de Michel Foucault pensar os problemas em torno desse tema, no decorrer de sua obra – não sem adentrar-me mais detidamente, ao final, em considerações sobre a prática da confissão, tão cara ao autor, com a finalidade de apontar algumas possibilidades sugeridas pela análise foucaultiana do sujeito, ao campo da educação. Hoje releio o texto, relutando por vezes em desmanchá-lo e ampliá-lo, querendo incluir nele as novas leituras, numa frágil ambição de completude, em tudo contrária ao pensamento de Foucault. Por fim, decido: o texto tem uma história – que ela seja pensada a partir dele; que ele próprio se faça documento.

"Sobre discurso e análise enunciativa", o capítulo 4 deste livro, é o que se chama uma, digamos, "uma singela peça teórico-metodológica". Para a realização da tese, eu precisava operar por dentro, por fora e pelos lados, com um dos mais fascinantes (e difíceis) trabalhos de Foucault, *A arqueologia do saber*. Ao publicar o texto, em 2001, em *Cadernos de Pesquisa*, começava a entender com mais clareza que, para o filósofo, trata-se sempre de práticas; trata-se sempre de práticas por dentro de relações de poder e saber, que se implicam mutua e insistentemente; trata-se, também, de práticas produtoras de modos de ser sujeito. Ou seja, era preciso expor isto – que enunciados e visibilidades, textos e instituições, falar e ver constituem-se

---

[1] Refiro-me aqui às pesquisas e estudos que vinha fazendo, desde meados de 1990, a partir da elaboração da tese de doutorado (FISCHER, 1996). Este texto, aliás, reproduz parte do capítulo II da tese, orientada pela professora Céli Regina Jardim Pinto.

como práticas sociais, por definição amarradas às relações de poder, que as supõem e as atualizam. E para nos pormos a analisar discursos, no campo da educação, por exemplo, era preciso construir para nós mesmos um aporte metodológico, no qual nossa concepção de discurso tivesse uma formulação muito particular: discurso como algo que ultrapassa a simples referência a "coisas", como algo que existe para além da mera utilização de letras, palavras e frases, e que não pode ser entendido como mera "expressão" de algo. Enfim, discurso como um conjunto de enunciados com regularidades intrínsecas a ele mesmo, por meio das quais poderia ser possível definir uma rede conceitual que lhe é própria. A exploração do conceito de enunciado estava no centro do texto. Mais uma vez, eu ia aprendendo o caráter de inseparabilidade entre teoria e método, de teoria e prática, no pensamento de Foucault.

Chegamos à Segunda Parte do livro: "Pesquisar com Michel Foucault". O capítulo 5 procura responder a uma pergunta, desde o título: "Foucault revoluciona a pesquisa em Educação?", publicado em 2003 na revista *Perspectiva*. O título parodia Paul Veyne, quando escreve que "Foucault revoluciona história", ao nos mostrar, em suas investigações, que não existem invariáveis históricas nem objetos naturais. Veyne lembra, no livro *Foucault, o pensamento, a pessoa*, uma anotação feita pelo nosso filósofo em seus cadernos, no ano de 1979, que dizia: "Não passar os universais pelo ralador da história, mas fazer passar a história por um fio de pensamento que recusa os universais" (FOUCAULT, apud VEYNE, 2008, p. 15). E é disso que trata o capítulo 5: apoiada no historiador-filósofo, sugiro que nossas pesquisas em educação se ocupem da construção de objetos investigativos com a preocupação primordial de, tendo-se definido para eles um corpo teórico em movimento, esmiuçar o sem-número de práticas produzidas pelos saberes de uma determinada época, para fazer emergir daí a descrição dos enunciados que, nesse tempo e lugar, se tornam verdades, fazem-se práticas cotidianas, interpelam sujeitos, produzem felicidades e dores, rejeições e acolhimentos, solidariedades e injustiças. Sugere-se, enfim, que a investigação de mínimos documentos relativos a tantas práticas tornem-se verdadeiros monumentos, permitindo que nos defrontemos com coisas ditas e coisas feitas, fatos por vezes surpreendentes, por vezes aparentemente inócuos, mas sempre questionados naquilo que até então tinham de óbvios, e mostrados a partir de saliências, reticências, descontinuidades, acasos históricos.

Até aqui, os cinco capítulos anteriores remetem o leitor à pesquisa da tese de doutorado. Especialmente no capítulo 6, "*Técnicas de si* na TV: a mídia se faz pedagógica", publicada na revista *Educação UNISINOS*, assumimos o compromisso de registrar os percalços da formulação de um corpo teórico e metodológico para uma investigação sobre o que começamos a denominar, dentro do referencial foucaultiano, de "dispositivo pedagógico da mídia". O texto apresenta em detalhes o modo como se foi construindo uma pesquisa, num trânsito entre pelo menos três campos de saber (da comunicação, da pedagogia e da filosofia da cultura), com a hipótese de que a mídia tem-se posicionado, sob diferentes estratégias e formatos, como *locus* de educação, de formação, de condução da vida das pessoas, e de como esse fato tem importantes repercussões nas práticas escolares, na medida em que crianças e jovens de todas as camadas sociais aprendem modos de ser e estar no mundo também nesse espaço da cultura. Aqui, mais uma vez, a condição temporal do texto: eu não estava, naquele momento, ocupada com as linhas de fuga de um dispositivo como aquele que então descrevia; voltava-me detidamente para os ínfimos detalhes de construção de programas de TV (estes, aliás, remetem a atores, apresentadores e episódios televisivos que, numa época de velocidade e obsoletismos quase diários, tornam-se talvez prematuramente anacrônicos). Não importa. Importa é que me propunha a modestamente seguir Foucault, entendendo com ele que a *tecnologia de si* é um domínio bastante amplo e sobre o qual há que se fazer a história. Daí a importância de nos perguntarmos, ontem e hoje, como se produzem e como entram em circulação não só técnicas de transformar a si mesmos, mas todo um conjunto de textos relacionados com a constituição de "discursos de verdade" sobre o "si", ou seja, sobre as complexas relações entre sujeito e verdade.

O capítulo 7 – "O visível e o enunciável: contribuições do pensamento foucaultiano aos estudos de comunicação" –, publicado na revista *Verso e Reverso*, em 2005, corresponde ao trabalho apresentado no Simpósio sobre Foucault e a comunicação, no *Seminário Internacional Foucault – Perspectivas*, realizado em setembro de 2004, sob a coordenação da Universidade do Estado de Santa Catarina (UDESC). Aqui, interessava-me pontuar a produtividade do modo de pesquisar foucaultiano, em estudos sobre os meios de comunicação e seus públicos. Entendia, como ainda entendo, a importância de estudar os processos pelos quais jornais, TV, revistas vão conferindo incansavelmente sentidos para acontecimentos, objetos, grupos sociais, pessoas, sentimentos, atos políticos, desejos, em todas as dimensões de nossa vida. Mas queria estudá-los na perspectiva de Foucault: mostrar (pela análise de depoimentos de jovens estudantes e dos próprios materiais televisivos, em pesquisa realizada em 2003 e 2004), os meandros de um tipo de produção e circulação de verdades e práticas, que se tornam parte da vida juvenil – sobre política, vida pública, intimidade sexual e amorosa, necessidades de consumo e assim por diante. Arriscava transformar depoimentos em textos disponíveis à análise enunciativa, correndo riscos teóricos e metodológicos que hoje avalio como parte de uma trajetória que insiste exatamente em arriscar-se a pensar.

Para concluir, no capítulo 8 – "Cinema e *realidade*: Foucault e os meninos de *Cidade de Deus*" – me debruço sobre um filme nacional de conhecida repercussão, exercitando o estabelecimento de relações entre duas temáticas caras ao filósofo – no caso, os modos de exclusão aprendidos por séculos na sociedade ocidental e que não cansam de transformar-se e de retornar, sempre outros, na figura de meninos e meninas infames deste País; além disso, o problema do direito de vida e de morte na cultura ocidental, com sua recriação em tempos recentes. De outro, procuro mostrar a impossibilidade de um filme como esse dar conta de uma dada realidade, como representação, como afirmação do que *é* ou do que *de fato* seria a história de uma grande favela no Rio de Janeiro, nos anos 1970 e 1980. Ainda e outra vez, o tema da verdade, a relação entre o visível e o enunciável, as lutas por imposição de sentidos, a várias camadas geológicas dos poderes e dos discursos.

Assim, o capítulo final deste livro – publicado em 2008, num dossiê de *Educação & Realidade* sobre cinema e educação – já sinalizava uma nova preocupação em minhas pesquisas, a partir de então direcionadas para o estudo das imagens cinematográficas, em sua relação com as possibilidades éticas e estéticas da formação de docentes e de jovens estudantes de Pedagogia. Por essa razão, os últimos textos e cursos de Foucault tornaram-se indispensáveis à elaboração de meus objetos de pesquisa, nos anos mais recentes. Mas devo dizer: do lado esquerdo da mesa de trabalho, ainda me olha carinhosamente *L'ordre du discours*, o pequeno livro da Gallimard, de 1971, como se me provocasse outra vez e sempre: afinal, o que há de tão perigoso nas palavras?

PRIMEIRA PARTE
Acontecimentos, sujeito e discurso

Capítulo 1
Na companhia de Foucault: multiplicar acontecimentos[2]

No lugar das unidades límpidas, claras e essenciais, as multiplicidades sujas de vida, púrpuras de sangue, imprevisíveis, inesperadas, miríades de acontecimentos. No lugar da comunicação transparente, jogos de verdade que se fazem em meio a inumeráveis obstáculos, quase sempre fora de qualquer controle. No lugar do poder soberano, "mau em si", a existência imersa em relações de poder, pelas quais se criam variadas estratégias de conduzir a si mesmo e aos outros. No lugar de saberes que esclarecem, saberes que inventam permanentemente o segredo. No lugar da sucessão de fatos, a história das descontinuidades. No lugar do sujeito do conhecimento, o pensamento sobre a vontade de saber. No lugar das clássicas oposições de mostrar e denominar, as ausências da linguagem, o divórcio mesmo entre as palavras e as coisas. No lugar da interioridade da linguagem-verdade, da linguagem-eternidade, da linguagem-homem – a escritura (e a loucura) como pura exterioridade. No lugar do pensamento que progride e justapõe temáticas, a produção intelectual que oferece o antes impensado, no interior do próprio pensamento.

Essa a experiência com Foucault. Esse o generoso legado de que me faço herdeira, e que sempre me confunde, me mobiliza, me impulsiona. Neste capítulo, o desejo é conversar com o leitor sobre o prazer e por vezes o terno incômodo de estar na companhia de Foucault, na condição de leitora, de estudante, de professora, pesquisadora, de jornalista, de orientadora de investigações em pós-graduação. Escolho alguns tópicos dos ditos e escritos de Foucault, para dizer de que modo esse pensador me faz sempre diferente do que sou, de que modo seus trabalhos me sugerem outras formas de inventar aulas, pesquisas, de imaginar objetos de estudo,

---

[2] Texto originalmente publicado em *Educação & Realidade*, Porto Alegre (RS), v. 29, n. 1, p. 215-227, 2004.

produzir indagações, sombras, vertigens, duvidar do que está dado ou assentado, na educação e nos tantos campos de saber pelos quais transitamos.

Em uma palavra, talvez pudesse afirmar que a seleção de tópicos se fez aqui como um produtor de vinho escolheria, com o máximo esmero, as uvas de um belo tinto: escolho o mote da multiplicidade dos acontecimentos como aglutinador de um saboroso líquido a inspirar um jeito especial de fazer história, filosofia, literatura, ficções, pensamento sobre o presente. O objetivo é trazer para o âmbito cotidiano da educação o que Foucault nos sugere – na esteira de Nietzsche, vale dizer – não só como modo de estudar, mas principalmente como modo de cada um inventar e experimentar a si mesmo, na singularidade das próprias travessias. Valho-me também, em algumas passagens, de interrogações e perplexidades que sucedem com frequência, em meio à leitura de investigações sobre temas específicos da área de educação, de modo particular em meio a pesquisas sobre juventude, mídia, artes de si e cultura da imagem, que desenvolvo desde os anos 1980.

Nem o espírito de época, nem as influências: antes, a descrição das transformações

Para quem estuda as relações entre os meios de comunicação e os processos de subjetivação na cultura, nada mais comum (e irritante) do que a mesmice do questionamento a respeito das *influências da mídia: influência* sobre as crianças, sobre os jovens, sobre públicos das camadas populares, sobre todos. Desde as primeiras leituras de e sobre Foucault, aprendi (e continuo aprendendo) a desfazer-me – como quem resolve arrumar a casa e dispensar objetos obstrutores de ar e espaço – de um fardo que parece grudar-se em nós, como se, sem ele, nos puséssemos de uma vez e para sempre ao desamparo: a busca da explicação causal, a fórmula direta e sem escalas do "se isso... então, aquilo", o raciocínio esquemático das influências e das consequências diretas e inevitáveis. Temos aprendido (e ensinado) a pensar qualquer coisa, da história da literatura à formulação de um teorema matemático, da trajetória de um pintor à história de uma grande guerra mundial, sempre e eternamente a partir do esquema infalível da causalidade linear, das influências de certos fatos ocorridos neste lugar, naquela época, do espírito de uma época, da proeminência de um certo ator ou autor, e assim por diante.

Talvez esteja me fazendo simplista demais, recorrente, repetitiva até, em relação ao que já se disse de Foucault, ou ao que ele mesmo escreveu tantas vezes. Não importa. Reitero, replico. Reitero e replico tantas vezes quanto for preciso, já que nossas práticas pedagógicas diárias – não somente na escola mas também nas igrejas, na publicidade, na mídia de maneira geral, nas empresas públicas e privadas, em tantos espaços institucionais, até no espaço virtual da Internet – parecem cristalizar modos de aprender e ensinar, modos de ter acesso a determinada informação, a uma fórmula de física ou a um poema, modos nos quais brilha, quase ofusca e cega, a estratégia simplista pela qual saber é firmemente associado a consolar. Se pudermos identificar meia dúzia de causas, de elementos contextuais, de grandes feitos e grandes obras; se conseguirmos reunir cinco ou dez fatos explicativos, se chegarmos a esquematizar e reduzir o pensamento de um autor ou as regras de acentuação das paroxítonas na Língua Portuguesa – eis que temos um resultado, eis a luz sobre a obra tal ou qual, sobre tal ou qual conceito, eis-nos descansados. Eis-nos por fim livres de outras possibilidades que gritam a cada movimento indesejável do menino na carteira da sala de aula, a cada correria incontrolável no recreio escolar, a cada indisposição ou tristeza do professor na véspera de uma segunda-feira cheia, a cada gesto de enfaro do jovem diante das letras desfocadas e mortas do texto fotocopiado em suas mãos, a cada felicidade clandestina da criança absorta em destroços e sucatas ou do adolescente em fuga surfando nas *webs* da vida, a cada campo de saber que poderia ser lido e pensado de outro modo.

"O saber não é feito para consolar", escreve Foucault,[3] "ele decepciona, inquieta, secciona, fere" (FOUCAULT, 2000a, p. 255). Exatamente na mesma época, novembro de 1970, véspera de uma de suas mais belas aulas no Collège de France,[4] Foucault comentava dois livros, "grandes entre os grandes", do filósofo e amigo Gilles Deleuze[5]: em "Theatrum philosophicum", ele insiste no que vinha fazendo desde anos anteriores, sobretudo em *A arqueologia do saber*, ou seja, a crítica aos modos de pensar o acontecimento, pelos movimentos do neopositivismo, da fenomenologia e da filosofia da história. Também aí, nessas tentativas, Foucault identificava uma espécie de confinamento do *événement*, seja pelo fato de este ser confundido com um "estado de coisas", seja por ser teimosamente deslocado em direção ao sentido (separado do próprio acontecimento), seja ainda por ser aprisionado ao ciclo passado-presente-futuro da história (cf. FOUCAULT, 2000d, p. 238)

---

[3] Trata-se do artigo "Crescer e multiplicar", escrito a propósito do lançamento do livro *La logique du vivant. Une histoire de l'hérédité*, de François Jacob, publicado no jornal *Le Monde*, n. 8.037, em novembro de 1970.

[4] Refiro-me à aula *L'ordre du discours* (*A ordem do discurso*), proferida em 02 de dezembro de 1970 (FOUCAULT, 1971).

[5] Foucault escreve nesse texto sobre os livros de Deleuze *Diferença e repetição* e *Lógica do sentido*, na revista *Critique,* n. 282, de novembro de 1970.

A acolhida de Foucault em relação ao pensamento deleuziano, em que pesem as diferenças conceituais em jogo, está estreitamente relacionada ao que vinha produzindo até então, desde a *História da loucura,* e que punha em prática, a cada nova pesquisa, uma espécie de perturbação ou turbulência intelectual e existencial, que lhe permitiu deslocar um velho problema, que pôde expressar em perguntas como: afinal, se há coisas "reais", como elas acontecem no interior dos discursos? O que ocorre? Poderia afirmar-se que alguns sujeitos operam sobre as coisas e as inscrevem, transcrevem e transformam em palavras? Ou estas é que nos impulsionam a ver e tratar as coisas deste ou daquele jeito?

As perguntas de Foucault, aqui reescritas, poderiam ser outras, de hoje, e sobre um tema qualquer, como o da visibilidade de certos grupos na mídia brasileira. Vejamos: afinal, se há realidades como a dos meninos pobres e negros, das favelas do Rio de Janeiro, de que modo tais "concretudes" puderam tornar-se imagens, textos, sons, cortes, sequências, no filme *Cidade de Deus* ou na microssérie de Rede Globo *Cidade dos homens*?[6] Foram cineastas e diretores de cinema e TV ou o próprio escritor do livro que fizeram essa transposição? Que relações estabelecer entre os movimentos de negros na sociedade brasileira deste início de século e a aparição das ruelas pobres dos morros cariocas na tela da TV ou no filme de Carvalho exposto nas locadoras de DVD de Nova York? Tais imagens provocam efetivamente um novo modo de escrever e inscrever no social o outro negro, pobre, favelado, tratado como subcidadão?

Ora, o modo de elaborar essas questões está diretamente relacionado à proposta foucaultiana de perguntar, ao deslocamento produzido pelo filósofo na maneira de fazer história: esse deslocamento se fez a partir da criação de uma espécie de teoria das práticas discursivas, chamada de *arqueologia*, cujo centro é a descrição dos acontecimentos, a descrição das transformações dos enunciados, dos discursos. Tal proposta fere no coração grande parte das teorias (como as pedagógicas, que conhecemos mais de perto), relacionadas ao chamado sujeito do conhecimento, e que se fundam predominantemente na abordagem fenomenológica: aquelas teorias segundo as quais haveria um sujeito da observação (e do conhecimento) a ser privilegiado; seu ponto de vista (do sujeito) se tornaria a própria origem da historicidade; haveria ali, a partir dessa perspectiva, uma íntima

---

[6] O filme *Cidade de Deus*, baseado no livro homônimo de Paulo Lins, tem direção de Fernando Meirelles e estreou em 2002. A microssérie *Cidade dos homens*, da Rede Globo de Televisão e da produtora 02 Filmes, foi exibida em três temporadas, desde 2002, e gira em torno dos personagens Acerola e Laranjinha, moradores de uma favela na Zona Sul do município do Rio de Janeiro. Uma análise foucaultiana do filme *Cidade de Deus* é parte deste livro, no capítulo 8.

e profunda consciência a exprimir-se. O deslocamento feito por Foucault fere também todas as filosofias da representação, a busca daquilo que foi dito pela primeira vez em algum dado lugar e tempo, a busca alucinada e interminável da origem, da semelhança, da imitação, enfim, da fidelidade, da coincidência entre o falado (dito) e o que ele representa ou pode vir a representar, a partir de nossas interpretações. Fere ainda não só todas as nossas consoladoras análises das continuidades, mas sobretudo as explicações de contextos, de épocas, como unidades que se imporiam às coisas ditas.

Mas o que quer uma teoria das práticas discursivas? Tão só descrever acontecimentos discursivos. E isso não é pouco. Trata-se de flutuar no limite das coisas e das palavras, como escreve Foucault a respeito dos livros de Deleuze – justamente porque o acontecimento não se reduziria jamais a um estado de coisas, funcionando como o referente de algo que foi dito e cuja veracidade ou falsidade buscaríamos investigar. Muito menos poderia ser reduzido a fatos cuja profundidade precisaria ser escavada, na busca de secretas relações, escondidas, "mais silenciosas ou mais profundas do que a consciência dos homens" (FOUCAULT, 2000b, p. 146). Na entrevista sobre o lançamento do livro *A arqueologia do saber*, o autor explicita: "Tento, ao contrário, definir relações que estão na superfície dos discursos; tento tornar visível o que só é invisível por estar muito na superfície das coisas" (idem).

Nessa perspectiva e seguindo com o exemplo do filme e da microssérie, *Cidade dos homens* e *Cidade de Deus*, respectivamente, poderíamos dizer que os corpos infantis e adolescentes dos meninos e meninas da favela, namorando, desejando o tênis importado, segurando a arma pesada, vigiando a entrada do morro, soltando pipa, submetendo-se ao sexo cru, sonhando banquetes – esses corpos infantis produzem outros corpos, os corpos-imagens, do cinema ou da TV, corpos-ficção, corpos de outra temporalidade e espacialidade, distintas (mas não isoladas) do tempo e do espaço de meninos e meninas "concretos". Diria que ambos, os meninos da "realidade" e os meninos da "ficção", numa trama complexa e de difícil descrição, amam, vivem, brincam, estudam, comem ou não comem, matam, morrem, são mortos – sob determinadas condições, é certo, e muito concretas, palpáveis, mensuráveis até; mas a elas sempre escapa a própria dimensão do acontecimento, isso que é produzido na superfície de todas essas relações, que é efeito delas e que diz respeito a outra trama, irredutível e da qual tentamos inutilmente dar conta. Ora, é disto que se trata em Foucault: de estabelecer relações entre várias camadas de tramas, entre distintas (e comunicáveis entre si) camadas de multiplicidades; ou seja, trata-se sempre, para ele, de descrever acontecimentos.

Penso que a trama discursiva pretendida pelo arqueólogo aproxima-se bastante do que Deleuze escreveu em *Lógica do sentido*, comentada por

Foucault em "Theatrum philosophicum". O acontecimento "morrer", por exemplo, não se localiza na concretude de um lugar, nem de um exato momento, porque é sentido-acontecimento, ou seja, é simultaneamente o modo presente – (o menino) morre ou mata (pelo tênis) – e o modo infinitivo (morrer ou matar, criança ainda, em nome do objeto-fetiche); "o presente, que diz o acontecimento, e o infinitivo, que introduz o sentido na linguagem e o faz circular como esse neutro que, no discurso, é isso de que se fala" (FOUCAULT, 2000d, p. 237). Ora, talvez aí resida a grande dificuldade de entendermos a análise arqueológica, a descrição dos enunciados-acontecimentos. Positivistas, queremos os fatos; representacionistas, queremos os nomes e seus referentes-coisas; ideologistas, queremos com ganas a tudo e a todos desvelar, acordar sentidos que dormiriam nos objetos e nos lugares, atribuir-lhes – às palavras e às coisas – intenções claras e precisas, manipulações, tramas maquiavélicas, deturpações diversas, distorções.

Como aceitar o quase neutro, esse domínio do *ça parle*, do "diz-se", do "sabe-se que", esse quase modo infinitivo que existe para além dos fatos "concretos" e das enunciações e proposições? Como descrever esse algo mais, essa função a atravessar coisas ditas e vividas? Esse algo mais que é simultaneamente da ordem do visível e da ordem do enunciável? Como operar em nossas investigações com esse algo mais que nos fala de inúmeras multiplicidades? Como, enfim, dar conta do enunciado que, por sua vez, não existe a não ser no emaranhado de práticas discursivas e não discursivas, práticas de saber e relações de poder, práticas inseparáveis da relação entre o sujeito, a verdade e a constituição da experiência (de si)?

Propositalmente, parto do enunciado em Foucault e percorro, meteórica, um conjunto de escritos de Foucault, sobre a loucura, a sexualidade, a delinquência, as práticas de si, para sublinhar o que fascina e ao mesmo tempo incomoda a muitos nos textos do filósofo-historiador: a insistência na *problematização do próprio problema*, a prática de uma pesquisa e de uma escrita que disponibilizam ao leitor os dados, muitos dados, jamais apresentados como tais, atômicos e concretos; pelo contrário, narrados na sua condição de multiplicidades, sempre multiplicidades: multiplicidades dos visíveis e dos enunciáveis; multiplicidades dos sujeitos, sujeições e modos de subjetivação; multiplicidades, enfim, do acontecimento. Nada em Foucault se resolve pela distinta clareza das coisas ditas e das práticas institucionais: há que problematizar, nos diferentes campos de saber, o que vivemos no presente; melhor, os modos dispersos pelos quais nos tornamos a diferença que hoje somos. Veremos que Foucault, no movimento permanente de sua filosofia, nos falou sempre disso: como (cheguei) chegamos a ser a diferença que (sou) somos agora?

Nos rastros de acontecimentos, dos erros e desvios

As latas de conserva e os rostos em série do artista *pop* Andy Warhol são lembrados por Foucault, ainda em "Theatrum Philosophicum", para argumentar em favor da descrição das multiplicidades: rótulo de sopa enlatada, sorriso reduplicado e louro de Marylin Monroe – não passariam eles de vazios estúpidos da ordem do discurso publicitário, em seu auge norte-americano dos anos 1960? Para Foucault, não:

> [...] ao contemplar de frente essa monotonia em limites, o que subitamente se ilumina é a própria multiplicidade – sem nada no centro, nem no ápice, nem além –, crepitação de luz que corre ainda mais rápido que o olhar e que, a cada vez, ilumina essas etiquetas móveis, esses instantâneos cativos que, desde então, para sempre, sem nada formular, se fazem signo: subitamente, sobre o fundo da velha inércia equivalente, o rastro do acontecimento dilacera a obscuridade, e o eterno fantasma se diz a partir dessa lata, desse rosto singular, sem densidade (FOUCAULT, 2000d, p. 249).

Nessa perspectiva, o ato de pensar seria talvez contemplar bem de perto os erros, as tolices, fazer-se catatônico, mudo, surdo, cego, gago, confrontar-se e deixar-se até confundir com as sombras e opacidades para, em instantes, separar-se de toda a confusão e esperar o impacto da diferença. "Pensar não consola nem torna feliz", escreve Foucault sobre Deleuze, mas sempre vale a pena quando houver ressonância entre a languidez e o arrastado do pensamento, a diligência da repetição e o lance de sorte para além do copo de dados (FOUCAULT, 2000d, p. 251). Foucault fala aí sobre si mesmo também, sobre o fascínio que sempre demonstrou em seus livros – livros-experimentação, livros-experiência –, nos quais podemos acompanhar a tortuosidade de um pensamento que, quase obsessivo na enumeração de positividades,[7] não se cansa contudo de apontar lacunas, de falar de começos interrompidos ou de conclusões não efetivadas, de mudanças de rumo. Justamente por isso são livros de ressonância, de pensamento que multiplica discursos, sujeitos, práticas não discursivas, relações de poder, de pensamento que se multiplica a si mesmo, nos próprios ditos e "achados".

Quantas vezes Foucault escreveu sobre a verdade e o discurso? Quantas sobre as relações de poder? Quantas sobre as práticas de si, sobre a função-enunciado, a função-sujeito? Inúmeras. Múltiplas. Sim, múltiplas; porém jamais as mesmas, jamais do mesmo modo. Qualquer mudança, qualquer reorganização dos discursos e das ciências, de estratégias disciplinares ou

---

[7] Veja-se *História da loucura*, *O nascimento da clínica*, *Vigiar e punir*, os três volumes da *História da sexualidade* (respectivamente, FOUCAULT, 1995a; 1991; 2003; 1990a; 1990b; 1985).

de controle, Foucault transformava em convite para examinar atentamente não *a* grande mudança global, mas a miríade de mudanças, em arranjos também numerosos, irredutíveis a um só ponto – *um* indivíduo, *um* autor, *um* fato histórico inconfundível e grandioso, *uma* descoberta tecnológica surpreendente. Assim, entregar-se a descrever transformações sem recorrer, preguiçosos, a um corpo limitado de mudanças ou influências causais – menos ainda a atos intencionais de atores-sujeitos-autores de discursos científicos, literários, acadêmicos –, parecia a Foucault o caminho mais difícil, em nada mágico e maravilhoso. Era o caminho das pedras, talvez; o caminho de Antígona, de buscar o impossível, de morrer como poucos. O caminho daquele que diz: "Quando me faltarem forças, cessarei" [...] "deixa que minha loucura se afunde em horrores. Não padecerei, com certeza, nada que não seja morrer gloriosamente" (SÓFOCLES, 1999, p. 13-14).

O que haveria de poético ou de trágico no caminho aparentemente frio e metálico da pesquisa arqueológica foucaultiana? Não estaria eu exagerando? Talvez sim. Mas escolho dizer que não. Não isolo um primeiro, um segundo e um terceiro Foucault. Prefiro replicá-lo, a ele e à sua obra, multiplicando-o, embaralhando seus ditos e escritos e tornando-o sempre outro, para fazê-lo visitar leituras de hoje, pesquisas em educação no Brasil de 2004, vinte anos após sua morte, para vê-lo mais uma vez dizer o imponderável sobre este presente, que não cessa de render-lhe homenagens, pela coragem de ter-se deixado tremer, quase cair, equilibrar-se sem equilíbrio na linha feiticeira que o fazia avistar ali, bem à sua frente, sombras de morte, sinais de loucura. Assim é que a tragédia de Antígona me ocorre de pronto, ao escrever sobre Foucault, e me coloca diante das questões postas por Sófocles: a ordem da pólis e dos cidadãos ou a ordem dos deuses? As leis perenes ou as leis do poder de hoje? As perguntas da tragédia ecoam até nossos dias, embora não sejam nem possam ser as mesmas. Os obscuros e infames, nos diz Foucault, como Antígona, atingiram a luz justamente quando se defrontaram com o poder: encarcerados, nomeados, julgados, narrados (quem sabe, mortos também entre duas paredes), tiveram e têm toda a luz sobre eles; tiveram, têm, poderão ter – súbitos, honrados ou patéticos momentos de glória.

Escrever sobre os infames, entregar-se às práticas discursivas e não discursivas relativas a esses insensatos ou indesejáveis pode sugerir a imagem do que seria seguir os rastros dos acontecimentos, não naquilo que neles se faz tão facilmente próximo e presente, tão parcimonioso e reducionista, mas naquilo que neles é bruma, quase indistinção. Em suma, naquilo que se produz como "proliferação milenar dos erros" – assim escreve Foucault num de seus mais belos textos, "Nietzsche, a genealogia e a história" (FOUCAULT, 2000c, p. 263).

Tomemos aqui o exemplo de outro tema de pesquisa na área educacional: a alfabetização de jovens e adultos. E perguntemos: o que se passou com a educação desses grupos no Brasil, desde meados do século XX? Não poderia ser um bom caminho de investigação indagar sobre quais os acidentes, quais os desvios, quais os erros, as falhas, quanto a esse objeto, que se tornou valor (e problema) para os educadores comprometidos, emancipadores e emancipatórios, estudiosos de todas as colorações políticas, e sobretudo de esquerda? Em vez de concentrar as buscas nas origens primeiras, o passo inaugural (desde a Campanha de Educação de Adultos do Ministério da Educação e da Saúde, em 1947; ou desde o Programa Nacional de Alfabetização e do Método Paulo Freire, no início da década de 1960), por que não indagar sobre uma proveniência, que nos fala de marcas singulares, sutis, que faz multiplicarem-se mil acontecimentos dispersos, para além das puras objetividades datadas e da solenidade dos grandes acontecimentos?

Também: por que não indagar sobre aquilo que escapa aos grandes planos de educação, sobre aquilo que se relaciona mais de perto com a superfície dos corpos, sim, do corpo de jovens e adultos, corpo alfabetizado, "corpo que sustenta, em sua vida e sua morte, em sua força e fraqueza, a sansão de qualquer verdade e de qualquer erro, tal como ele sustenta também, e inversamente, a origem – a proveniência" (FOUCAULT, 2000c, p. 267)? Por que, enfim, não perguntar sobre pontos dispersos de surgimento, emergência de determinados discursos, emergência que sempre se dará no interior de um jogo complexo de forças, de confrontação, e que não ocorreria num lugar específico, nem poderia ter fronteiras muito nítidas, mas que seria, antes, jogo produzido em interstícios – de poder, de saber, de modos de subjetivação, de linhas de fuga? (FOUCAULT, 2000c, p. 269).

Complicar o pensamento: um modo de pesquisar o presente

Viagens pelos textos de Foucault, a meu ver, mobilizam o pesquisador a isso que sugerimos no exemplo acima e em todo este texto: mobilizam-nos a multiplicar perguntas, a *complicar* – como escreve Frédéric Gros, no apêndice ao livro *A hermenêutica do sujeito* (FOUCAULT, 2004a). Penso, de acordo com Gros, que não há em Foucault um abandono dos temas mais queridos do filósofo, como o do discurso, da verdade, do político, nos últimos anos de sua vida: o que ele faz nesse período é efetivamente *complicar* o pensamento sobre poder e verdade, explorando o tema do cuidado de si e da relação consigo, da ética do sujeito. Quando os críticos e mesmo os fiéis seguidores insistiam em carimbar nele a etiqueta de "teórico do poder", Foucault devolvia a simplificação reducionista com uma nova "virada", com uma nova inquietação, com a efetiva complexificação do pensamento, do próprio modo de pensar. E é dessa herança que desejo falar agora neste artigo, no momento de concluí-lo.

Os escritos da década de 1980, na verdade, acabam por nos deixar mais inquietos do que já nos haviam deixado os anteriores – *A história da loucura, O nascimento da clínica, A arqueologia do saber, Vigiar e punir* e *A vontade de saber*. É que os estudos das técnicas e das artes da existência na Antiguidade pagã greco-romana – nos volumes II e III de sua *História da sexualidade* (respectivamente, *O uso dos prazeres* e *O cuidado de si*), e mais detalhadamente no curso *A hermenêutica do sujeito* – fazem aparecer "uma outra figura do sujeito, não mais constituído, mas constituindo-se através de práticas regradas" (GROS 2004a, p. 621). Havia nesses derradeiros escritos – como também sucedeu com as obras desde os anos 1950 e 1960 – uma clara questão do presente, no caso, relacionada não só ao "culto californiano do eu" dos anos 1970 nos Estados Unidos, mas aos inúmeros modos pelos quais, naquele e neste hoje, nos tornamos sujeitos de discursos verdadeiros e os fazemos "nossos". Esse é o ponto, essa a maravilhosa herança, à qual podemos ter acesso mais uma vez, percorrendo as páginas do Curso, páginas que se deixam impregnar pelo momento mesmo das aulas, e que exemplificam a cada encontro, a cada trecho lido ou falado por Foucault, o aprendizado de multiplicar as perguntas sobre o que nos inquieta no presente, a partir de um determinado campo de saber e a partir de um determinado *corpus* empírico.

Degustar as páginas do curso completo sobre a hermenêutica do sujeito acrescenta argumentos em favor do modo foucaultiano de trabalhar, que identificamos em vários de seus escritos. Leva-nos a assumir com ele esse jeito de estudar e de investigar, segundo o qual há que se operar por cortes, cortes transversais, pesquisar as camadas do pensamento, como se elas fossem placas tectônicas sempre passíveis de um dia se mover e produzir verdadeiros terremotos e maremotos; tratá-las em sua riqueza e multiplicidade, a partir de uma imersão meticulosa, cuidadosa, minuciosa, nos materiais empíricos – no caso de Foucault e desse curso, os textos de Sêneca, Marco Aurélio, Epiteto, Platão, Rufo, entre tantos outros. Tal imersão é feita pelo filósofo de modo a produzir novas questões sobre o sujeito: afinal, tratava-se, naqueles pensadores antigos, de sujeição ou de subjetivação? Conhecimento de si ou cuidado de si? Tratava-se de relações consigo para sempre normalizadoras, porque regradas, ou passíveis de uma ética e uma estética da existência, para além das normas e regras?

Ora, como nos diz Gros, não se trata de uma coisa *ou* outra. Nem de mera justaposição temática: a normalização e a disciplina em *Vigiar e punir* e, logo a seguir, justapostas, as técnicas de si e a relação consigo.

Não. Trata-se, em Foucault, de pensar, naquele momento, algo antes impensado na pesquisa anterior (Gros, 2004a, p. 624): no caso, uma das questões que passam a ser tratadas é a que se refere ao tema do acesso à verdade, em relação com uma ética do sujeito. Esse era o problema que fervilhava em Foucault nos últimos escritos e que, parece-me, se torna também radicalmente nosso, neste Brasil do século XXI, num tempo em que proliferam textos os mais variados sobre o mínimo eu, sobre os ínfimos detalhes a serem cuidados em nossos corpos, sobre as prosaicas (normalizadas e normalizadoras) práticas cotidianas da alimentação, da saúde, das relações amorosas e sexuais. E mais: num tempo em que textos sobre tais temáticas podem ser assinados por autores da academia ou por conselheiros espirituais midiáticos, todos misturados, nas prateleiras das pequenas ou das monumentais livrarias, nas incontáveis páginas da Internet, nas imagens da TV, nas páginas de jornais e revistas. Como fazer para distinguir tais documentos e autores entre si? E para que distingui-los? O que escolher como leitura para o aperfeiçoamento de si? Que tipo de arte de si seria proposto nesses documentos? E, ainda: poderia dizer-se, desses materiais, que tratam propriamente de "artes de si"? Que artes? Que cuidados de si?

    Sim, essa questão é nossa também porque, cada vez mais, temos todas as chances e possibilidades de acessar a inúmeras informações e dados sobre nós mesmos, sobre nossos genes, sobre o filho que ainda não geramos, enfim, sobre tudo o que sequer imaginamos desejar saber. Mas aí permanece um problema, posto por Foucault, a respeito do que Descartes já havia anunciado: a separação entre ética e acesso à verdade – o sujeito moderno pode *saber* sem necessariamente efetuar um trabalho ético sobre si mesmo, como ocorria na Antiguidade. Inverte-se a prioridade: da prioridade do sujeito ético passa-se à prioridade do sujeito do conhecimento verdadeiro. Isso, porém, não quer dizer que uma substitui a outra, desde então. Ou que uma é *melhor* do que a outra. Foucault opera entre uma e outra e sugere a dobra, a emergência do indivíduo-sujeito que está num entrelugar, entre as técnicas de dominação de seu tempo e as técnicas de si, com potência de fazerem do sujeito algo para além daquilo que está instituído. E sugere, para hoje ainda, a possibilidade da criação de artes da existência, de uma ética da existência simultaneamente amarrada aos poderes de um tempo e deles provisoriamente liberta e distante. Trata-se para ele de uma espécie de arte da vigilância, que ficaria no espaço *entre* as diferentes práticas instituídas – pedagógicas, políticas, religiosas. Uma arte de viver, vinculada sempre à relação com os outros – num movimento de preparação para os acontecimentos do mundo, para as lutas do nosso tempo, sem perder de vista a possibilidade de elaborar, para si mesmo, um estilo de existência, através de práticas de si relacionais e transversais, como escreve Gros (2004a, p. 660).

O que afirmei na introdução deste artigo retorna agora, reforçado pelo que lemos e comentamos a respeito do último curso do filósofo, sobre a hermenêutica do sujeito. Repito e concluo que as matérias-primas de qualquer um dos estudos de Foucault eram (e são) as multiplicidades impuras de vida, o inesperado e imprevisível dos acontecimentos, os jogos de verdade em seus obstáculos sem controle mas para sempre imersos em relações de poder; a história das descontinuidades e do inquietante divórcio entre as palavras e as coisas. Quanto à atitude ensinada a cada livro, a cada aula de seus belíssimos cursos, esta não foi outra senão a da produção intelectual que se oferece generosamente ao aluno, ao leitor, aos possíveis herdeiros, como movimento incessante do pensamento – aquele pensamento que não se cansa de ser, sempre, diferente de si mesmo, ele próprio um acontecimento, ele próprio também multiplicidade.

Capítulo 2
Um pensador na linha feiticeira

Gostaria primeiramente dizer de que lugar falo, quando recebo a honra de apresentar-lhes um pensador pelo qual tenho imenso respeito: Michel Foucault.[8] Como estudiosa de teoria do discurso aplicada ao tema das relações entre mídia e educação, tenho realizado investigações que, especialmente a partir de 1992, inscrevem-se numa perspectiva nitidamente foucaultiana. Assim, em minha tese de doutorado, pergunto-me como é construído um discurso sobre o adolescente na mídia brasileira, nos anos 1990; de que modo esse discurso participa da produção de um tipo de sujeito; que relações de poder podem ser vistas e descritas nesse discurso; de que modo ele participa do processo de subjetivação dos mais jovens na cultura contemporânea. Poder, saber e sujeito – esses são os conceitos-chave da pesquisa, como se pode ler nas perguntas colocadas –, justamente os três conceitos fundamentais da obra de Michel Foucault, sobre os quais vou aqui discorrer. Pretendo mostrar como eles se inscrevem na obra do filósofo francês e que produtividade têm no campo das Ciências Humanas.

Os temas da produção do sujeito, do poder, do discurso, sobretudo o tema da linguagem e do discurso, certamente são centrais num curso como este sobre os Estruturalismos. Estou falando do papel constituidor da linguagem, tal como passou a ser visto pelo Estruturalismo, desde seu pai fundador, Lévi-Strauss, até seus mais diletos filhos, Barthes, Lacan e

---

[8] Este texto reproduz, com algumas adaptações, a palestra "Estruturalismo e Filosofia: Foucault", feita em 14/10/1999, no Curso "Dos Estruturalismos", dentro do Seminário "A antropoética de Lévi-Strauss", promovido pelo Museu Antropológico do Rio Grande do Sul e pela Casa de Cultura Guimarães Rosa.

Foucault, entre tantos outros, que tanta presença tiveram e ainda têm sobre a intelectualidade francesa.[9]

Falar em Michel Foucault dentro de um seminário sobre os Estruturalismos parece causar certa estranheza, especialmente entre alunos, pesquisadores e professores que atualmente se debruçam sobre a obra desse autor e que, de modo geral, o tratam sobretudo como "pós-estruturalista" ou "pós-moderno". Afinal, perguntar se Foucault é ou não é estruturalista seria de fato uma questão relevante?

Por um lado, basta consultar algumas obras da década de 1970 sobre as origens do Estruturalismo[10] para encontrar, ao lado de Saussure, Barthes e Lévi-Strauss, nosso filósofo Foucault, principalmente quando se considera a primeira fase de sua obra (*O nascimento da clínica*, *História da loucura*, *A arqueologia do saber*, *A ordem do discurso*). Por outro, não deixa de ser curioso o quanto Foucault se preocupou em dizer, tanto nas inúmeras entrevistas que concedeu quanto nos seus preciosos livros, que não era um estruturalista e que deixassem de querer enquadrá-lo neste ou naquele rótulo, especialmente o de estruturalista. Bem, eu não diria que esse é um problema, e muito menos o problema mais importante a discutir. As disputas e as polêmicas da intelectualidade francesa das décadas de 1950 e 1960 certamente têm algum interesse e encanto, mas prefiro indagar sobre a produtividade de se colocar tal discussão hoje, entre nós, intelectuais, pensadores, professores, gente curiosa e atenta como vocês, que estamos nos perguntando: afinal, que tempo é esse que estamos vivendo?

Valendo-me desde já das ideias de Michel Foucault, daquilo que ele sempre defendeu, insisto no seguinte: nós fazemos, sempre, a história do presente – e isso, diga-se, aprendemos já desde o Estruturalismo. Não se trata de buscar as origens primeiras, mas basicamente de fazer a história de um presente, partindo desse mesmo presente ou mesmo imergindo em épocas distantes. Foucault fez exatamente isso: foi aos gregos clássicos, ao século XVIII, ao século XIX, inquieto com perguntas do presente, do seu presente, as perguntas e angústias de um pensador nas décadas de 1950, 1960, 1970 e 1980.[11]

---

[9] François Dosse (1993), no primeiro volume de sua *História do Estruturalismo – O campo do signo / 1945-1966*, narra que, numa pesquisa feita entre os intelectuais franceses, em 1982, foram apontados os pensadores de maior prestígio entre a intelectualidade francesa de então: em primeiro lugar Claude Lévi-Strauss; em segundo Raymond Aron; em terceiro Michel Foucault e Lacan.

[10] Veja-se, por exemplo, o livro de Hubert Lepargneur, *Introdução aos estruturalismos*, editado em 1972, no Brasil pela Edusp/Herder (Lepargneur, 1972).

[11] Foucault morreu dia 25 de junho de 1984, com 57 anos, em consequência da AIDS; nasceu aos 15 de outubro de 1926.

É preciso que se lembre: Foucault foi o intelectual mais avesso a etiquetas, o intelectual que jamais quis ficar num único e definido lugar: foi, em suma, um desviante, como todos aqueles desviantes que, enfim, se pôs a estudar. Ele se desviou não só do marxismo como também da moral burguesa, da intelectualidade francesa de então; desviou-se no sentido mais radical também da sua própria existência, vindo a morrer de AIDS (em virtude da homossexualidade), no momento em que dava curso à sua grande obra, que ficou inconclusa – a *História da sexualidade*, da qual nos ficaram três volumes (*A vontade de saber*, *O uso dos prazeres* e *O cuidado de si*).

Por que Foucault teria sido tão completamente avesso às etiquetas? Ele chegou a escrever, no parágrafo final de *A arqueologia do saber*: "Vários, como eu sem dúvida, escrevem para não ter mais um rosto. Não me pergunte quem sou e não me diga para permanecer o mesmo: é uma moral de estado civil; ela rege nossos papéis. Que ela nos deixe livres quando se trata de escrever" (FOUCAULT, 1986, p. 20). Em inúmeras ocasiões, entrevistas, palestras, textos, pediu com veemência que deixassem de dizer ou perguntar o que ele era; se, afinal, era um historiador, um filósofo, um psicólogo, um estruturalista, ou o que mais.

Numa de seus mais belos escritos, produzido para a aula inaugural de 2 de dezembro de 1970 no Collège de France, intitulada *A ordem do discurso*, inicia sua fala dizendo:

> Ao invés de tomar a palavra, gostaria de ser envolvido por ela e levado bem além de todo o começo possível. Gostaria de perceber que, no momento de falar, uma voz sem nome me precedia há muito tempo: bastaria, então, que eu encadeasse, prosseguisse a frase, me alojasse, sem ser percebido, em seus interstícios, como se ela me houvesse dado um sinal, mantendo-se, por um instante, suspensa. Não haveria, portanto, começo; e em vez de ser aquele de quem parte o discurso, eu seria, antes, ao acaso de seu desenrolar, uma estreita lacuna, o ponto de seu desaparecimento possível (FOUCAULT, 1996, p. 5-6).

Tornando minhas as palavras de Foucault, diria que isto que eu estou falando aqui não se inaugura neste preciso momento. Em nenhum texto, em nenhum discurso, em nenhum acontecimento humano poder-se-ia dizer que há um momento genuíno e puro de inauguração, de origem. Foucault questiona essa "verdade sagrada" e mostra como há sempre vozes ou discursos que estão "antes de mim", antes da minha fala presente. Quer dizer: no momento em que me dirijo pessoalmente a vocês, não sou eu sozinha que falo, como sujeito individual único e original, inaugurador pleno de um discurso. Outras e muitas vozes "me falam".

Justamente esse tema, o da origem, tem relação direta com o ideário estruturalista também – tanto quanto o tema da linguagem constituidora.

Toda a discussão do Foucault e dos estruturalistas dos anos 1950 e 1960 faz-se em debate árduo com a Fenomenologia, contra a ideia da origem primeira, do sujeito soberano, daquele que se propõe como verdadeiro instaurador de determinado momento histórico. Ora, afirma Foucault, não somos jamais aquela voz da qual vem todo discurso; o discurso que me acolhe e que produzo não vem todo de mim. Obviamente que não. Em lugar disso, nos ensina o filósofo, estamos sempre à mercê do desenvolvimento de determinados e múltiplos discursos; à mercê das suas lacunas, à mercê mesmo da sua desaparição possível.

Pelas citações já feitas aqui, vê-se o quanto Michel Foucault era antes de tudo um excelente escritor, alguém que escrevia de forma poética, filosófica e literária ao mesmo tempo, o que torna verdadeiramente apaixonante o contato com seus escritos. Aliás, cheguei a escrever um texto a que dei o título "A paixão de 'trabalhar com' Foucault".[12] Por que falar em paixão quando se trata de Foucault? Porque se trata sobretudo de um autor que subverte qualquer ordem, que nos envolve e nos apaixona sem deixar de ser extremamente rigoroso nas suas investigações e elaborações teóricas.

Nesta apresentação geral do autor, pretendo trazer também alguns detalhes que envolvem datas e títulos, e especialmente a discussão de alguns conceitos que identificam sua obra, procurando problematizar o quanto ele se aproxima ou não do Estruturalismo. De modo particular, interessa-me destacar ideias e indagações fundamentais que o filósofo nos deixa, para talvez pensarmos mais criativamente a história, a filosofia, a psicologia, a arte, a literatura. A propósito, Foucault foi um dos grandes questionadores dessas grandes unidades fechadas – "a" literatura, "a" história da filosofia, "a" história do pensamento humano. A inestimável herança que deixou nos impulsiona a questionar os inúmeros saberes a partir dos quais se construíram os regimes de verdade das diferentes épocas e formações sociais. Foucault perguntou-se sobre os saberes que se constituem ou que querem se constituir ciência; perguntou-se sobre quais saberes têm poder de produzir conhecimento, de produzir ciência; e, principalmente, como lemos em seus últimos escritos, sobre que saberes mais nos subjetivam, mais nos incitam a saber a verdade "mais verdadeira" dos sujeitos.

Insisto: Foucault questionou inúmeras vezes o fato de ser classificado, especialmente quando identificavam em sua obra as marcas do Estruturalismo. Pediu que se falasse de coisas *mais sérias*. Mas vejamos o que escreveu num de seus textos, publicados na coleção *Dits et Écrits* (volume II), em resposta aos que insistiam em chamá-lo de estruturalista:

---

[12] Esse texto é um dos capítulos do livro *Caminhos investigativos I*: novos olhares na pesquisa em educação, organizado por Marisa Vorraber Costa (FISCHER, 2002a).

> Eu não consegui imprimir em seus espíritos estreitos que não utilizei nenhum dos métodos, nenhum dos conceitos ou palavras-chave da análise estrutural. Eu ficaria muito grato a um público mais sério se me liberasse de uma associação que, certamente, muito me honra, mas que não mereço. Pode-se dizer que há algumas similitudes entre meu trabalho e o dos estruturalistas. Seria incorreto – a mim, mais que a qualquer outro – pretender que meu discurso é independente das condições e regras que determinam os outros trabalhos produzidos hoje. Mas acho muito fácil livrar-se de analisar um trabalho como o meu, simplesmente colocando nele uma etiqueta cheia de pompas, porém inadequada (FOUCAULT, 1994, p. 13, trad. minha).

O que importa aqui é dizer, então, que dentre essas "condições e regras" que determinaram os vários trabalhos estruturalistas, algumas seguramente marcaram também a obra de Foucault, sobretudo seu questionamento às continuidades e à ideia de evolução, de linearidade histórica. Vale a pena ler, nas linhas e entrelinhas de seus textos, o interessante debate feito com os historiadores de sua época, a partir das inúmeras questões trazidas pelo próprio Estruturalismo: por exemplo, o questionamento à metafísica ocidental, à fenomenologia e principalmente ao tema da soberania do sujeito.

Esse certamente é um assunto caríssimo a Foucault. Mas de que se trata, quando se questiona o aprisionamento à ideia do sujeito essencial e soberano? Para quem é comprometido politicamente, para quem tem uma luta política muito concreta em termos sociais, talvez tal questionamento seja bastante, digamos, doloroso. Talvez se abra aí uma espécie de ferida e também a porta para que alguns vejam o autor, no mínimo, com desconfiança. Para aqueles que, como eu, trabalham no campo da Educação (embora eu não seja pedagoga, mas oriunda das Letras e da Comunicação), questionar a soberania do sujeito tem sido bem problemático. Porque nós temos a ideia de que, a partir de Paulo Freire, por exemplo, ou a partir de tantos outros grandes educadores, temos a ideia de que o sujeito construiria a própria história; de que ele seria dono dos seus discursos e, assim, poderia transformar a sociedade, etc., etc. Muitos de nós temos como "missão" libertar o aluno daquelas grades que não o deixam ser sujeito... Ora, essa concepção de sujeito é profundamente questionada por Foucault e por muitos outros autores. E é justamente a partir do Estruturalismo que se acentua a discussão sobre o sujeito. Afinal de contas, quem é o sujeito? Quem é o sujeito da história? Quem é o sujeito da psicologia? Quem é o sujeito da educação? Ou, vocês perguntariam, quem é o sujeito da antropologia?

A Foucault é atribuído o grande "pecado" de ter afirmado que o homem seria "uma invenção recente", alguém fadado a desaparecer muito em breve.

Mas se tratava aí, obviamente, de determinado conceito de homem e de sujeito: um sujeito essencial, soberano e originário, esse não existiria; e o fato de o homem ter sido constituído como objeto do conhecimento era, de fato, algo "recente". Em *As palavras e as coisas*, publicado em 1966, Foucault trata dessa rarefação do sujeito, quando belissimamente descreve o quadro "Las meninas", de Velásquez, para discutir o conceito de representação. Afinal, quem está representado lá? Quem é o autor da representação? O pintor está dentro do quadro? O rei está dentro do quadro? Mas os soberanos não estão fora, assistindo? Essa descrição abre uma das obras mais comentadas e ricas, também um dos seus mais complexos textos, em que ele discute, afinal, o que são as tais "ciências humanas". Analisando documentos e descrevendo enunciados da biologia, da economia e da gramática, ele mostra que ali o homem está se construindo como objeto de si mesmo; e, por essa razão, seria, nesse sentido, uma "invenção recente". E ainda tal como apareceu, poderia, quem sabe, vir a desaparecer. Claro que isso funcionou como uma bomba jogada no seio da intelectualidade de então. Imagine-se, há 30 anos, anunciar a "morte do homem" ou a "morte do sujeito". Seu livro termina com estas palavras:

> O homem é uma invenção, e uma invenção recente, tal como a arqueologia do nosso pensamento o mostra facilmente. E talvez ela nos indique também o seu próximo fim.
>
> Se estas disposições viessem a desaparecer, tal como apareceram, se por algum acontecimento de que podemos, quando muito, pressentir a possibilidade, mas de que não conhecemos de momento ainda nem a forma nem a promessa, se desvanecessem, como sucedeu na viragem do século XVIII ao solo do pensamento clássico – então pode-se apostar que o homem se desvaneceria, como à beira no mar um rosto de areia (FOUCAULT, s/d, p. 502).

Foucault caracterizou-se, portanto, por gerar inúmeras polêmicas, como esta, da anunciada "morte do homem" ou "morte do sujeito", que até hoje repercute nos meios intelectuais. Aliás, diria que as inúmeras entrevistas que deu – e ele aceitava esse contato constante com a mídia de então, especialmente com os grandes jornais e revistas franceses – são excelentes fontes de esclarecimento a respeito de suas obras e de todas as polêmicas geradas por suas brilhantes descobertas e pela coragem de expô-las publicamente.[13]

Do discurso e da relativa autonomia da linguagem

Quais seriam, então, os grandes conceitos encontrados na obra de Foucault? Primeiramente – e diria que este é um tema tipicamente

---

[13] No livro *Microfísica do poder*, organizado e traduzido por Roberto Machado, estudioso de Foucault, encontramos bons exemplos de textos do filósofo e muitas de suas esclarecedoras entrevistas (FOUCAULT, 1992a).

estruturalista, embora Foucault tenha dado a ele um tratamento muitíssimo peculiar –, o tema da relativa autonomia da linguagem, do discurso (e de seus enunciados). O vivido, tão marcante na fenomenologia de Husserl; e a experiência, tratada com tanta poesia por Benjamin – poderíamos dizer que são conceitos visitados por Foucault e por ele reelaborados, em outra perspectiva; ele prefere falar em práticas institucionais ou simplesmente em "práticas". Mas, para nosso autor, essas práticas não existem fora do discurso. Trata-se aqui da complexa relação entre o discursivo e o não discursivo. Na verdade, quando digo não discursivo, de certa forma estou incluindo o discursivo, não estou separando o discurso, por exemplo, das práticas institucionais. Por que isso é importante para Foucault? Porque para ele interessa fundamentalmente a ideia de que o discurso constitui, de que o discurso é constitutivo de alguma coisa.

"O discurso forma sistematicamente os objetos de que fala" – escreve o autor em *A arqueologia do saber* (FOUCAULT, 1986, p. 56). Ou seja, diz-se aí que os discursos constituem os objetos de que tratam. Em outras palavras: não existiriam "as coisas", e isso certamente já foi visto neste curso sobre os Estruturalismos – com linguistas, psicanalistas e antropólogos –, e sim as palavras e as coisas, a linguagem presa à constituição do real. A partir de Saussure, com suas distinções sobre o falado e o vivido, sobre língua e fala, e depois, com Foucault, estamos sem dúvida bem mais atentos a esse jogo complexo entre o discursivo e o não discursivo.

Quer dizer: se, por exemplo, o discurso acadêmico nos constitui, é porque nós falamos dentro da academia uma determinada linguagem, usamos certos autores, no interior de certos rituais, práticas institucionais, jogos de poder, que, por sua vez, acabam também por modificar o próprio discurso acadêmico. Ou seja, o discursivo e o não discursivo estão sempre em jogo, e já não é possível dizer, pensando bem, que haja algo, de alguma forma, fora do discursivo. Porém, ao mesmo tempo, não é possível dizer que as coisas não sejam práticas, que as "coisas não existam". Trata-se sempre de práticas, inclusive e principalmente quando se fala de discursos.[14] Para Foucault, dizer é uma forma de fazer, e esse é seguramente um de seus temas mais importantes e definidores de sua obra.

Sobre poder e resistência: a radicalidade dos micropoderes e das lutas locais

Outro tema fundamental nesse autor, sem dúvida, é o do poder. E o tema do poder em Foucault é tratado também de uma forma nova, de

---

[14] Um dos capítulos de minha tese de doutorado, aliás, intitula-se "Discurso como prática". Ver: FISCHER, 1996.

uma forma absolutamente influenciada pelo grande filósofo Nietzsche. Foucault, a partir de Nietzsche, discute o problema das origens primeiras dos atos inaugurais e mostra que precisamos partir de outro tipo de patamar que não aquele dos solenes começos, como se os fatos estivessem dormindo ali e precisassem ser despertados em sua verdade. Foucault mostra a dinâmica profunda e complexa dos fatos sociais, que exatamente por isso não podem ser vistos como atos inaugurais. O historiador Foucault manifestou-se fortemente contra essas unidades de início, essas unidades que se fecham no grande autor, na grande obra, nos grandes feitos inauguradores. Mostra-nos como não existem obras nem autores isolados, que sempre há "vozes que falam antes de mim". E que não se trata de ir até a voz primeira, senão estaríamos num raciocínio completamente metafísico, indagando sempre qual é a primeira e fundamental voz, aquela a partir da qual "tudo começou".

Vejamos um exemplo bem próximo. A expressão "Ah, mas isso sempre existiu!" tem, a meu ver, bastante familiaridade com o tema da origem primeira. Uma afirmação sobre as formas de rebeldia jovem, no final do século XX no Brasil, por exemplo, pode ser entendida como a continuidade de uma rebeldia que "sempre existiu". Se, porém, usarmos as ferramentas foucaultianas de análise da história, vamos entender que a rebeldia dos anos 1990, por exemplo, existe de determinada forma, porque imersa em relações de poder; ou seja, existiu certamente rebeldia juvenil em outros tempos, mas distinta, com suas próprias configurações históricas e sob condições de existência absolutamente diferentes.

Diria, assim, que é a questão da descontinuidade histórica que está em jogo aqui. Não se trata de abandonar ou negar totalmente as continuidades, mas de dizer que há um momento de ruptura nos discursos, e que esse momento está ligado a inúmeras práticas institucionais e relações de poder, a inúmeras condições de produção e de emergência daquele determinado discurso. Então, pode-se dizer que a rebeldia jovem na década de 1970 é completamente visível; nós podemos pesquisá-la historicamente, até a partir do depoimento de pessoas que viveram aqueles anos e deles têm memória, e podemos assim descrever que tipo de discursos constituíram a rebeldia jovem em 1970. Mas o que seria a rebeldia jovem hoje? Certamente, não constituiria um degrau a mais na grande linha contínua desse grande e abrangente conceito da rebeldia.

A ideia de evolucionismo histórico é questionada, desde os primeiros pensadores estruturalistas, de uma forma muito radical. Assim é que, no caso da análise dos discursos da mídia sobre adolescência e juventude nos anos 1990,[15] pôde-se chegar a enunciados a respeito da juventude brasileira, que

---

[15] Refiro-me aqui à tese de doutorado (FISCHER, 1996).

remetem, por exemplo, a uma insistente recusa em usar preservativo nas relações sexuais. Veja-se que distância, que diferença entre esse enunciado e aqueles que afirmavam, em 1960-1970, intenções e gestos de fazer a luta política contra o imperialismo, de sair às ruas em protesto contra a repressão, de fazer a liberação sexual, de propor a educação das camadas populares jovens e adultas, e assim por diante. Isso não quer dizer, porém, que os enunciados de hoje, sobre rebeldia jovem, sejam melhores ou menos nobres que os de épocas anteriores. Eles precisam, sim, ser analisados na sua materialidade, na sua positividade, naquilo que efetivamente produzem hoje, em termos sociais, políticos, culturais, educacionais, pessoais e assim por diante.

A desejada verdade do sujeito

Falei de linguagem e discurso, falei da questão do poder e trato, agora, do tema do sujeito, uma preocupação que esteve sempre presente em Foucault e sobre a qual, no final da sua vida, pouco antes de morrer, Foucault tão bem escreveu – particularmente nos dois últimos volumes de sua *História da sexualidade* e no texto "O sujeito e o poder" (FOUCAULT, 1984b). Nele, Foucault faz uma síntese muito clara de sua obra e afirma que, afinal de contas, tudo o que fez, desde os primeiros escritos, na década de 1950, sobre a loucura – tema com que se ocupou durante longo tempo –, e depois sobre o saber e as ciências humanas, e ainda sobre o nascimento da sociedade das disciplinas, na realidade, tudo o que fez foi, enfim, estudar o sujeito.

Hoje, quando tanto se fala em subjetividade, produção de subjetividade, subjetivação, sujeições – enfim, subjetividade é uma palavra que agora está na moda –, é importante delinear com precisão o que Foucault quer dizer com esse conjunto de expressões em torno do sujeito. Temas durante longo tempo limitados ao campo da Psicologia, o tema do sujeito e, particularmente, o tema da intimidade individual, invadem todas as áreas do saber: no meio acadêmico, escreve-se a história da vida privada, insiste-se sobre a história da intimidade das pessoas; na mídia, inúmeros produtos se ocupam fundamentalmente em dirigir-se à intimidade e à privacidade das pessoas, não havendo um só gênero de programa de televisão, por exemplo, que não trate, de alguma forma, dessa "coisa escondida" que é o sujeito privado. A produção acadêmica volta-se intensamente para estudos sobre a sexualidade, e aí emergem, por exemplo, investigações sobre prostituição, homossexualidade, e assim por diante.

Não é de estranhar que um autor rico, complexo e dinâmico, como Michel Foucault, tenha se ocupado tanto da questão do sujeito. Mas como o sujeito se torna centro de suas atenções? Para Foucault, mais uma vez esse tema aparecerá relacionado aos outros pilares de sua obra: poder e saber; ou: poder e discurso. Ele nos fala da complexidade do poder, que na contemporaneidade se torna, ao mesmo tempo e cada vez mais, um poder totalizante e individualizador. E trata, sobretudo, de todas as formas de a sociedade, em diferentes épocas e formações sociais, ter-se voltado para o sujeito, para aquele que "sub-jaz", para aquele que é constituído por discursos e práticas, que por eles é subjetivado, permanentemente. Mas que, com esses discursos e práticas, está também em relação, relação de poder; portanto, em posição de resistência. Que verdades se constroem sobre os sujeitos? E de que modo eles se tornam sujeitos dessas verdades? – Essas foram algumas das indagações que o filósofo fez, por exemplo, a textos produzidos na Antiguidade grega e romana, a práticas e documentos que foram produzidos nos séculos XVIII e XIX, e marcaram a emergência e a constituição, na sociedade ocidental, de grandes redes de controle sobre as populações (como lemos no brilhante texto de *Vigiar e punir*). Mais adiante, veremos como esse tema aparece, especialmente em suas últimas obras.

Sobre os tempos de Foucault

Considerando os trinta anos de intensa produção política, intelectual e acadêmica de Michel Foucault, e sem fixar de maneira estanque classificações e épocas, apenas a título didático, para organizarmos *grosso modo* a produção desse autor, podemos talvez falar primeiramente de, digamos, um "Foucault arqueólogo", falar de um período em que o centro das atenções do filósofo foi a investigação sobre a constituição de saberes (como o da psiquiatria, por exemplo), e, mais amplamente, sobre a emergência das ciências humanas, seus discursos e saberes. Ele se chamou arqueólogo exatamente nessa perspectiva de tentar fazer uma análise não linear do discurso, uma análise não das continuidades, mas uma análise que permitisse operar quase que como um corte geológico nos saberes de determinada época. A pergunta, nesse sentido, é: quais são as camadas desse discurso? Quais são as camadas geológicas, por exemplo, do discurso sobre a loucura? Como emerge, na história ocidental, a noção de louco?

Para Foucault interessava saber quais *as* racionalidades, não qual *a* racionalidade de um discurso e de uma prática. Que discursos organizados e muito bem enunciados constituíram o louco e o separaram dos homens de razão? É dessa fase seu primeiro texto, *Doença mental e personalidade* (escrito em 1954); também *O nascimento da clínica* (de 1963), obra conhecida principalmente entre os profissionais da área médica, da psicologia, da psiquiatria, em que se faz uma investigação dos documentos históricos que mostraram onde e de que modo – aliás, essa era sua forma de perguntar: "de que modo?", e não "por quê", "para quê" – constituiu esse lugar institucional que é a clínica médica; a sua *História da loucura* (obra de 1961), sobre o lugar da razão e da não razão. Em 1966 ele escreve a grande obra *As palavras e as coisas*, sobre os enunciados dos regimes de verdade dos séculos XVII e XVIII, em que emergem as Ciências Humanas – a gramática (o homem que fala), a economia (o homem que trabalha e produz) e a biologia (o homem que vive); enfim, sobre a emergência do homem como objeto do conhecimento. Em *A arqueologia do saber* (de 1969), Foucault explicita o que fez nas pesquisas anteriores sobre a medicina, a psiquiatria e sobre a loucura. Seria, então, um livro sobre a metodologia, sobre o "verdadeiro" método de Foucault? Na realidade, trata-se de um livro em que ele define o que é discurso, o que é enunciado, o que é o sujeito do discurso, o que é história para ele, como questionar as formas de se fazer história, a "história do pensamento humano", e assim por diante. Define sobretudo o que pensa sobre o conhecimento, a ciência, os saberes, questionando inclusive conceitos tão caros ao marxismo, como o de ideologia. É nesse período que, convidado pela sociedade francesa de filosofia, participa do debate que teve como título *O que é um autor?* (publicado em 1969), em que profere a célebre aula, citada anteriormente, que tem o título *A ordem do discurso* (publicada em 1971).

Portanto, o grande foco desse conjunto de produções foi o tema dos discursos, a importância do discurso como constituidor, juntamente, por certo, com o tema da loucura, de como ela emerge na história ocidental e como é constituído aquele que a sociedade e seus discursos denominam "o louco". Para investigar os ditos de determinada época, sobre a loucura, por exemplo, conta-se que Foucault ficava por vezes até vinte horas dentro de uma biblioteca, dentro de uma livraria, pesquisando os documentos históricos. Para ele, não havia documentos maiores ou menores a investigar; aliás, como já dissemos acima, Foucault questionava a fixação nas "grandes obras", nos "grandes autores". Para ele, o que importava era, por exemplo, um relatório médico na entrada de um hospital, como chegava um doente ou um desviante da razão e quem o entrevistava e de que modo e através de tecnologias era classificado desta e não daquela forma, através de que técnicas era olhado, perscrutado, encaminhado, tratado, excluído. Na análise desses documentos, Foucault buscava mostrar os momentos de ruptura, de descontinuidade histórica – em relação a determinado objeto. Por exemplo, quem deveria ser necessariamente internado: as prostitutas, os bêbados da cidade, os que andavam sem rumo? Quem eram os chamados "homens infames"?

Num de seus mais belos textos, cujo título é justamente *A vida dos homens infames* (publicado em 1977), lemos a história daqueles que se enfrentaram com o poder, pessoas comuns, simples, que por algum desvio de comportamento são reportados, contados, narrados ao soberano. Essas histórias interessavam muitíssimo a Foucault. E elas tinham relação direta com o tema do problema mental, com a definição da loucura. Na sua *História da loucura*, Foucault mostra como se vão definindo os espaços daqueles que, necessariamente, devem ser classificados como loucos, como sem-razão. Trata-se da história da uma sociedade que vai aprendendo e praticando, cada vez mais sofisticadamente, a classificar o outro. Foucault investigava os detalhes dessas estratégias, desses dispositivos. E nos mostrava muito claramente como somente alguns detêm o poder de fala sobre determinados assuntos. Esse tema do lugar do qual as pessoas falam torna-se para ele fundamental. Foucault escreveu, em *A arqueologia do saber*, o quanto temos de transformar os documentos que analisamos em monumentos, porque eles são históricos e porque neles está materializado, presente e vivo o discurso de uma época. E é esse discurso que precisamos descrever. Essa é, portanto, a tarefa da arqueologia: descer às camadas geológicas dos discursos, dos saberes e dos poderes.

Outro (seria mesmo "outro"?) Foucault, talvez o mais popular e mais conhecido, é o Foucault de *Vigiar e punir* (de 1975). Nesse livro, o chamado "genealogista" (que havia publicado em 1973 o célebre *Eu, Pierre Rivière, que degolei minha mãe, minha irmã e meu irmão* – resultado de uma pesquisa por ele dirigida [FOUCAULT, 1977]) faz a história das prisões, a obra em que aprendemos, em seus mínimos detalhes, como se constituiu entre nós uma sociedade das disciplinas. Em suas belas páginas temos a grande discussão sobre o poder, embora esse tema já estivesse presente em suas obras anteriores, por certo. Mas aqui ele desce a detalhes e nos mostra que processo é esse de produzir a crescente invisibilidade do poder, como temos a partir do século XVIII. O tema do visível e do invisível é básico na obra de Foucault. E está presente desde a primeira página de *Vigiar e punir*, quando lemos as minúcias do suplício dos transgressores, diante do soberano, a descrição de como os corpos daquelas pessoas vão sendo trucidados e de como o desviante acaba morto em praça pública, diante do rei e diante do povo. Foucault usa essa descrição para mostrar como há um momento de ruptura com o poder visível, e como a punição irá transformar-se a partir de práticas mais suaves, mais doces, menos violentas na sua visibilidade e na sua dor, naquilo que toca os corpos. Porém, segundo Foucault, essas seriam, contraditoriamente ou não, práticas bem mais competentes no que concerne ao controle das pessoas.

E eu me pergunto: se hoje ele estivesse entre nós, o que diria das inúmeras formas de controle que nossa sociedade imaginou e produziu, a partir das tecnologias propiciadas pela informática, nas escolas, nos bancos, nos supermercados, em nossas casas, via Internet? O que diria da ruptura com os modos explícitos de punir alunos, nas escolas, e a instauração de tecnologias cada vez mais sutis de fazer esse outro falar, sem precisar, por exemplo, como em tempos antigos da memória de nossos avós, fazer meninos e meninas se ajoelharem sobre grãos de milho ou terem as mãos feridas pelas palmatórias? O símbolo por excelência dessa discussão é certamente o panóptico de Bentham, e toda a arquitetura dos primeiros presídios – nos quais se inspiraram os prédios de nossas escolas, quartéis, hospitais, casas de repouso: o importante é que o "vigilante" possa ver a todos, sem que seja percebido, e que os que estão submetidos se imaginem sempre vistos, mesmo que nenhum vigia esteja lá, na torre de controle, a perscrutá-los. O controle fica fora do campo concreto da visibilidade, para se instalar dentro de cada um de nós: é preciso que cada um se comporte como se permanentemente estivesse sendo visto. Essa visibilidade não visível seria um modo de subjetivação muito forte em nossa sociedade, e estaria presente em inúmeras práticas cotidianas, em diferentes espaços sociais, da mídia à sala de aula, do *shopping center* aos guichês bancários.

Assim, por exemplo, quando dizemos de nós mesmos que "*precisamos* ser mais magros", que a dieta disciplinada é fundamental para nosso corpo, não está em discussão, nessa perspectiva, o bem ou o mal que isso nos trará, mas o fato de que há discursos que passam a ser *nossos*, que há exigências de uma cultura ou de uma época que se tornam forçosamente exigências e verdades pessoais, *propriedades* de cada um de nós. Esse é um tema plenamente foucaultiano: o modo pelo qual constituímos verdades para nós mesmos, a ponto de já não diferenciarmos o que a sociedade diz de mim ou para mim, daquilo que eu digo a mim mesmo. Trata-se aqui de um processo de sofisticação das relações de poder no tecido social. Se aperfeiçoamos as relações de poder, separando-as e distinguindo-as de uma violência explícita, isso não quer dizer que estejamos então "fora" das relações de poder. Pelo contrário, estamos sempre dentro delas, imersos nelas, e são esses processos mínimos, capilares, do poder, que interessa investigar.

Em 1976, temos o primeiro volume de *História da sexualidade*: a vontade de saber. A meu ver, esse é um dos mais importantes e definitivos livros de Foucault: nele, estão todas as definições e as criativas formas de pensar sobre poder, sobre confissão, sobre essa infinita vontade de saber que nos ocupa há tanto tempo. Mas o que isso teria a ver com sexualidade? A partir de Nietzsche, Foucault mostra que o poder não está somente no Estado, ele não é somente vertical, mas é capilarmente vivido, está nas mínimas relações entre professores e alunos, entre homem e mulher, entre negros e brancos, entre etnias diferentes, entre adultos e crianças, e assim por diante. Foucault não nega a existência e a força do poder vertical, do poder do Estado; mas se indaga sobre um poder que não existe nem se exerce somente de cima para baixo. A hipótese repressiva (ligada diretamente ao problema da sexualidade, mas que pode ser percebida para além dele) é questionada por Foucault e propicia uma fundamental discussão sobre o poder. A sexualidade teria muito a ver com a obrigação de dizer a verdade a respeito de si mesmo e, ao mesmo tempo, a proibição de fazê-lo. Ora, trata-se aí de técnicas preciosas de fazer o sujeito objetivar a si mesmo, para si e para os outros, por meio de um governo de si para si e também sobre os outros.

Para Foucault, interessava indagar de que modo o poder se capilariza e se multiplica, toma formas as mais diversas, nas mínimas relações; interessa a produtividade desse poder, as formas "positivas" que ele assume. Por isso, o exame minucioso das formas de governo a partir da investigação sobre a sexualidade, sobre o controle dos corpos e da intimidade dos indivíduos. Considerando essa perspectiva de análise do poder, muitas e complexas perguntas podem ser formuladas, conforme o objeto de investigação por nós escolhido. Por exemplo, como compreender as relações de gênero no campo da política? Como analisar os movimentos sociais em que se luta por melhores condições de vida para as pessoas, mas onde estão firmes, sólidas, cristalizadas, relações de dominação e de violência sobre as mulheres? Como se relacionam as questões de gênero e as questões de classe? Se aprendemos com Foucault que só se exerce poder sobre homens livres, sobre aqueles que de alguma forma se enfrentam com o poder; que sempre o poder se dá nas mínimas relações; e, finalmente, que onde há poder, também há resistência – certamente se abrem para nós inúmeras e ricas maneiras de compreender o social, sem que mais uma vez se veja o poder longe de cada um de nós, como se ele fosse o "outro" da liberdade e da salvação dos homens.

Chegamos, então, ao que muitos chamam de "ética foucaultiana", em que temos os estudos sobre as "tecnologias do eu", as "relações consigo", as formas de subjetivação. No texto *Tecnologias do eu* (transcrição de seis seminários realizados na Universidade de Vermont, em 1982), Foucault (1995d) distingue tecnologias de comunicação, tecnologias de poder e tecnologias do eu, destacando estas últimas como todos aqueles procedimentos destinados a constituir subjetividades, verdades de e sobre o sujeito, nos mais diferentes espaços, práticas e discursos, e sempre articulados a relações de poder. No segundo e no terceiro volumes de sua *História da sexualidade – O uso dos prazeres* e *O cuidado de si* (ambos de 1984), todas essas questões sobre o cuidado de si, de uma sociedade que se volta para o sujeito individual, são estudadas a partir de uma criativa e cuidadosa análise de textos da Antiguidade clássica grega e romana (FOUCAULT, 2004a).

Se tomarmos a discussão trazida por Foucault em seus últimos escritos, podemos comparar o que ele estudou sobre a filosofia antiga com o que encontramos hoje, nas inúmeras publicações oferecidas nas bancas de jornal ou na TV. Nossa pergunta principal será: como nos voltamos para o "eu" e o tomamos em suas mínimas formas? Haveria alguma possibilidade de estabelecer elos entre esse modo narcísico de olhar para si, de nossos tempos, e o que Foucault chamou de "cuidado de si", fundamentado nos clássicos gregos e romanos? Inúmeras publicações e programas televisivos, por exemplo, dirigem-se a nós, mulheres, no sentido de propor cuidados que necessariamente precisaríamos ter quanto à alimentação, ao sono, aos nossos relacionamentos sexuais e amorosos, à educação de nossos filhos, e assim por diante.

O fato é que práticas semelhantes (inclusive propostas de dietas) estavam presentes nos textos analisados por Foucault. Mas, como diz o historiador Paul Veyne (1982), o fato é que Foucault realmente "revoluciona a História". Em outras palavras, Foucault pensou e descreveu como foi ocorrendo, e com que estratégias e discursos, esse processo de construir verdades para e sobre o sujeito, de promover o constante "deciframento de si". Para tanto, perguntou-se sobre as rupturas e descontinuidades, em tais formas de subjetivação. Tratou também de técnicas muito específicas de produção da verdade do sujeito, como a confissão, e mostrou as formas concretas de existência desse aparato, entre os cristãos primitivos, e em outras épocas e realidades. Acompanhando o modo foucaultiano de fazer história, sentimo-nos autorizados a indagar, por exemplo, que novas formas de falar de si, expor-se e "aperfeiçoar-se" existem em nosso tempo, e como elas se fazem presente hoje, no grande espaço da mídia – esse lugar privilegiado da publicização da vida privada. E, certamente, veremos que não se trata de um mesmo preceito – o do "cuidado consigo"; não se trata das *mesmas* técnicas. Trata-se de outro conjunto estratégico, que é preciso descrever, situando-o numa *episteme* completamente distinta daquela estudada por Foucault.

Dito de outro modo, Foucault mostra como as formas do discurso sobre a confissão e os cuidados consigo mesmo têm configurações distintas, em épocas e formações sociais diferentes. Também mostra como, a partir do século XVIII, se instaura na sociedade ocidental um tipo muito especial de poder, o poder pastoral, com o Estado se voltando para o controle das populações, a cuidar de temas tão privados como a masturbação infantil – só para citar um exemplo. Nesse caso, sabemos, com historiadores como Foucault, que a criança passa de fato a existir, exatamente por defrontar-se com o poder, passando a ser objeto de múltiplos cuidados e saberes, vivos em práticas diversas, no interior de espaços institucionais dos campos da psicologia, da educação, da medicina, da psiquiatria, e tantos outros.

Conclusão

Talvez nem devêssemos insistir em "três fases" de Foucault, como aqui fizemos – por motivos estritamente didáticos. Afirmo isso porque penso que os grandes temas de sua produção – os temas do poder, do sujeito e a questão dos saberes e do discurso – estão presentes desde sempre, desde sua *História da loucura*, desde a pesquisa sobre *O nascimento da clínica*, desde *Vigiar e punir*, até os três volumes da *História da sexualidade*; enfim, dos primeiros até os últimos escritos.[16] Penso que essa é a importância maior: ver como se relacionam esses três grandes conjuntos conceituais em sua obra. Interessa-me esse movimento em direção à identificação das rupturas e das descontinuidades históricas. Para nós, estudiosos e pesquisadores das Ciências Humanas, a contribuição de Foucault está basicamente em nos fazer ver que os recortes pelos quais optamos em nosso trabalho científico constituem também um discurso e, como tal, estão povoados de outros discursos, diferentes, cujos enunciados têm a ver sempre com relações de poder muito concretas.

Outra questão importantíssima de Foucault para mim é a inseparabilidade de teoria e prática, de teoria e análise empírica. Foucault, por exemplo, pensou o nascimento das prisões, a emergência de uma sociedade disciplinar, ao mesmo tempo em que organizou e coordenou o GIP (Grupo de Informação sobre Prisões), na França dos anos 1960, atuando diretamente no interior das prisões, junto com os prisioneiros. O que interessava a ele era estudar os problemas de inclusão e exclusão dos grupos e sujeitos – tema cada vez mais candente em nossos dias –, de modo a questionar também os próprios intelectuais, que se arvoravam o direito de "falar pelas massas": o que ele desejava, no caso do GIP, era criar condições para que os prisioneiros de fato pudessem falar por si mesmos.

Se tomarmos esse tema na área educacional, diremos que as lutas por incluir entre os "normais" aqueles alunos com dificuldades "especiais", por exemplo, tem sido visto, por muitos estudiosos,[17] como mais uma

---

[16] Ver, por exemplo, como o estudioso de Foucault Miguel Morey organiza a obra de Foucault. Para ele, uma obra como *História da loucura* atravessa todos os "períodos foucaultianos" se, por exemplo, considerarmos sua trajetória do ponto de vista de uma "ontologia histórica": (a) de nós mesmos em relação com a verdade que nos constitui como sujeitos de conhecimento (por exemplo, em *As palavras e as coisas*); (b) de nós mesmos com as relações de poder que nos constituem como alguém que atua sobre os outros (por exemplo, em *Vigiar e punir*); e (c) de nós mesmos na relação ética através da qual nos constituímos como sujeitos de uma ação moral (por exemplo, nos três volumes de *História da sexualidade*). (Cf. MOREY, Miguel. A questão do método. In: FOUCAULT, Michel. *Tecnologías del yo*. Barcelona: Paidós, 1995d. p. 9-44).

[17] Veja-se a produção de estudiosos como o argentino Carlos Skliar, professor da Faculdade de Educação da UFRGS, que discute esse tema a propósito da educação de surdos. Ver: SKLIAR, 1999.

forma de reforçar a exclusão e a diferença – eis aí um tema tipicamente foucaultiano. Em minhas pesquisas trato disso, quando mostro o quanto a mídia produz exclusões, mesmo quando se propõe a incluir (por exemplo, ela traz vários grupos de adolescentes para a tela da TV, mas deixa bem claro o seguinte: alguns serão chamados *teens*, outros serão chamados simplesmente de "menores"...). Há que classificar; há que distinguir; há que marcar bem os territórios; enfim, há que incluir, mas sem perder de vista os procedimentos (cada vez mais elaborados e sutis) de exclusão.

Antes de encerrar, então, ainda uma lembrança. Certamente Foucault era fascinado pelos gregos; Deleuze também, e da mesma forma Paul Veyne. Em breves palavras: o fascínio desses pensadores estava nos modos pelos quais o homem grego propunha o cuidado de si, a transformação de si mesmo, para fazer de si obra de arte. Essa ideia de uma estética da existência, aliás, tem sido bastante estudada, inclusive aqui no Brasil, por pensadores como Jurandir Freire Costa.[18] A proposta de inquietação consigo mesmo, de aperfeiçoamento de si, em Foucault, está diretamente ligada a uma recusa permanente em relação àquilo que ele mesmo era. Ou seja, há aí um convite a imaginar e construir o que nós poderíamos ser para nos livrarmos desse duplo constrangimento, que é sermos assujeitados individual, coletiva e globalmente. Para isso, talvez tenhamos que recusar a nós mesmos, ao que nos constitui todos os dias, recusar as "verdades" que para nós construímos e nas quais nos apoiamos e até descansamos, às vezes por tanto tempo. Uma entre essas tantas verdades a que nos amarramos poderia ser a classificação cerrada dos pensadores e suas obras, de que tratamos neste encontro.

Deleuze, um dos maiores leitores e amigos do filósofo, em seu livro intitulado singelamente *Foucault*, diz que o saber, o poder, e o "si" são a tripla raiz do pensamento foucaultiano. E que, a partir dessa tripla raiz, Foucault nos ensinou a pensar de outra forma; para ele, pensar não era questão de teoria, mas de vida. E completa Deleuze: "Desde que se pensa, se enfrenta necessariamente uma linha onde estão em jogo a vida e a morte, a razão e a loucura, e essa linha nos arrasta. Só é possível pensar sobre essa linha feiticeira. E, diga-se, não se é forçosamente perdedor, não se está obrigatoriamente condenado à loucura ou à morte. Foucault sempre foi fascinado por isso, por essa reversão, essa cambalhota perpétua do próximo e do longínquo na morte e na loucura" (DELEUZE, 1992, p. 129). Deixo com vocês essas palavras. A ideia de que pensamento tem a ver com vida e morte, com perigo e risco. E, sobretudo, com a opção por um modo artista de viver.

---

[18] Ver, a propósito, entre outras publicações do autor: COSTA, Jurandir Freire. *Sem fraude nem favor*: estudos sobre o amor romântico. Rio de Janeiro: Rocco, 1998.

Capítulo 3
Foucault e o desejável conhecimento do sujeito[19]

> Se é verdade que o poder investe cada vez mais nossa vida cotidiana, nossa interioridade e individualidade, se ele se faz individualizante, se é verdade que o próprio saber é cada vez mais individualizado, formando hermenêuticas e codificações do sujeito desejante, o que sobra para a nossa subjetividade? Nunca "sobra" nada para o sujeito, pois, a cada vez, ele está por se fazer, como um foco de resistência, segundo a orientação das dobras que subjetivam o saber e recurvam o poder (Deleuze, 1991, p. 112-113).

As palavras de Deleuze, referidas ao pensamento de Foucault sobre o sujeito na sociedade contemporânea, resumem com mestria inquietações das quais compartilhamos, no momento em que decidimos compreender mais deste presente, no qual cada vez se deseja saber mais sobre a privacidade dos indivíduos e, simultaneamente, se quer dominar todo o saber segundo o qual se poderá obter um completo conhecimento e domínio sobre os sujeitos, seus corpos e suas almas.

Estaríamos vivendo um momento semelhante àquele que Foucault investigou – da Antiguidade Clássica –, em que se tornaram tão presentes as "técnicas de si", essa reflexão sobre os modos de existir e regrar a própria conduta, segundo determinados fins que o homem fixa para si mesmo? Ou estaríamos mais próximos da apropriação, feita pelo Cristianismo, dessas mesmas técnicas de si? Ou ainda: estaríamos aperfeiçoando aquilo que o homem dos séculos XVII e XVIII tão bem conseguiu, ao produzir um farto material, analisado por Foucault, no qual se registrou à exaustão a intimidade de vidas "infames, obscuras e desafortunadas"?

Afinal, por que essa obsessão por nos imiscuir no que tem o nome de privado? Por que aquilo que nos é mais íntimo e privado deve permanecer

---

[19] Texto originalmente publicado em *Educação & Realidade*, Porto Alegre (RS), v. 24, n. 1, p. 35-59, 1999.

classificado como tal, íntimo e privado, e desse reino, ser alçado a "coisa pública"? Qual o modo de existência desse voltar-se para si mesmo hoje? De que modo se dá a produção e a veiculação de textos e documentos (em campos como o da pedagogia, da psicologia e, mais amplamente, dos diferentes meios de comunicação, como televisão, jornais, revistas, e assim por diante), que se ocupam de um eu obrigatoriamente sempre atento a si mesmo, sempre pronto a procurar se conhecer cada vez mais, a buscar qualquer tipo de explicação para seus sonhos e desejos, conformar seus atos a um modelo de vida harmônico e "espiritualmente correto"? Que efeitos de verdade têm os discursos que delineiam para as pessoas um ideal de corpo, de beleza e de comportamento? Que técnicas correspondem a esses fins de aperfeiçoamento corporal e espiritual? Como o "governo de si", em nossos dias, trata da sexualidade, esse tema que esteve desde sempre entranhado na formação do indivíduo? De que modo nossa "intimidade desafortunada" se expõe nas telas públicas e nos diferentes espaços institucionais? Finalmente, que tipo de ética (ou não ética) estaríamos propondo a nós mesmos por meio desses discursos e práticas?

Tais perguntas, assim colocadas, usam uma linguagem aprendida de Foucault e têm o objetivo de situar este texto, em que me proponho a reconstruir a trajetória do filósofo no que concerne ao modo como tratou o tema do sujeito em sua obra. Assim, na primeira parte, apresento as principais polêmicas em torno da concepção de sujeito em Foucault, a partir de algumas perguntas que me inquietam e têm orientado boa parte de algumas investigações recentes sobre as relações entre mídia, educação e produção de subjetividade na cultura contemporânea;[20] em seguida, passo a descrever e comentar as permanências e as descontinuidades no modo de Michel Foucault pensar o problema do sujeito, no decorrer de sua obra; depois, antes de concluir, elejo o tema da confissão, tão caro ao autor, para apontar algumas possibilidades sugeridas pela análise foucaultiana do sujeito, no campo da educação.

Sujeito: sujeição, subjetivação e assujeitamento

Longe de sugerir meras especulações, as indagações com que introduzo este capítulo incorporam algo do modo de perguntar foucaultiano, segundo o qual a busca principal não seria de um *por quê*, nem de um *para*

---

[20] Refiro-me aqui às pesquisas e estudos que venho fazendo, desde meados de 1990, a partir da elaboração da tese de doutorado, intitulada *Adolescência em discurso:* mídia e produção de subjetividade (FISCHER, 1996). Este texto, aliás, reproduz parte do capítulo II da tese.

quê, mas de um *como*, de um *de que modo*. Assim, num de seus belos cursos do Collège de France ["Subjectivité et verité", publicado nos *Résumés des cours (1980-1981)*], sobre o tema do sujeito, Foucault enfatizava a necessidade de uma pesquisa que lhe respondesse à seguinte pergunta: *como* se instituiu um conhecimento de si, ou *como* se processou essa longa história de fazer do sujeito um objeto de conhecimento, pelo homem? E mais ainda: *como* esse fato de tornar o sujeito cognoscível foi se fazendo não só possível, como desejável e até indispensável para nós? (Cf. FOUCAULT, 1989, p. 133).

Como se verá neste texto, a questão do sujeito na obra de Foucault vai muito além do lugar-comum lido em alguns de seus críticos apressados, de que ele teria decretado a "morte do sujeito" ou a "morte do homem". Falar de sujeito, para Foucault, em primeiríssimo lugar, é falar de "modos de subjetivação". Quando, em *As palavras e as coisas*, ele afirmou que o homem não existia até os séculos XVII e XVIII, referia-se a uma ruptura na história da sociedade ocidental, a um momento em que o homem se tornava objeto de saber, constituía-se como aquilo "que é necessário pensar e o que há a saber" (s.d., p. 448), na medida em que é alguém que vive, fala e produz: distintos modos de objetivação transformaram os seres humanos em sujeitos: sujeitos falantes, sujeitos econômicos e produtores, sujeitos biológicos, e temos a partir daí as ciências da linguagem, por exemplo, a economia ou a história natural. O homem se separava das milenares crenças e "filosofias" e se tornava "objeto". Foucault encerra *As palavras e as coisas* sugerindo que o homem, portanto, foi "inventado" e, tal como apareceu, poderia, quem sabe, desaparecer dali a algum tempo, desvanecendo-se como "um rosto de areia à beira do mar".

Estaria Foucault prevendo um tempo em que o excessivo esquadrinhamento do homem, de sua alma e seu corpo, pelo saber médico principalmente, talvez o conduzisse a uma perda de unidade, a um esfacelamento de si? Teria esse fato relação com o sucesso das terapias esotéricas e do fartíssimo material de autoajuda que ocupa boa parte de praticamente todas as livrarias em quase todo o mundo? O certo é que Foucault, aceitando o caminho aberto por Nietzsche, prenunciava o desaparecimento de um homem essencial, fonte da verdade, da liberdade e de todo conhecimento, propondo que a filosofia do presente partisse exatamente desse ponto. "Hoje em dia já não se pode pensar senão no vazio do homem desaparecido" (FOUCAULT, s/d., p. 445).

Em "Deux essais sur le sujet et le pouvoir" ("Dois ensaios sobre o sujeito e o poder", célebre texto publicado por Dreyfus e Rabinow no livro *Michel Foucault. Un parcours philosophique*: Au-delà de l'objectivité et de la subjectivité),[21] ele explica que, na verdade, sempre esteve estudando o sujeito: se em *As palavras e as coisas* fazia aparecer o homem como alguém separado do que está fora dele (por exemplo, o homem produtivo separado do produto de seu trabalho), em *Vigiar e punir* expunha o sujeito classificado em relação a outros seres humanos e, inclusive, dividido no interior de si mesmo. Mais uma vez, os homens como objeto, aqui divididos em loucos e sãos, em doentes e saudáveis, em criminosos e "bons moços". Finalmente, nos últimos anos de sua vida, o autor dirigiu suas investigações no sentido de responder à questão: como o homem chegou a reconhecer-se como "sujeito de uma 'sexualidade' "? Outra vez, a insistência em saber de que modo o ser humano se transforma em sujeito (FOUCAULT, 1995c).

Obviamente, não estamos aqui falando em um sujeito psicológico, nem entendendo subjetivação e subjetividade como processos ou estados "da alma", da experiência única e individual de cada pessoa, o que certamente existe, é legítimo considerar e está em jogo também nessas considerações. Mas é preciso que se diga que as concepções foucaultianas de sujeito do discurso e de subjetividade têm uma abrangência muito específica. Assim, o termo 'subjetividade', segundo o autor, refere-se ao modo pelo qual "o sujeito faz a experiência de si mesmo em um jogo de verdade no qual está em relação consigo mesmo" (FOUCAULT, *apud* LARROSA, 1994, p. 55), ou seja, o modo – as práticas, as técnicas, os exercícios, num determinado campo institucional e numa determinada formação social – pelo qual ele se observa e se reconhece como um lugar de saber e de produção de verdade. Para Deleuze, Foucault não só mostrou como os processos de subjetivação se fazem absolutamente diversos, nas diferentes épocas, produzindo modos de existência e estilos de vida muito próprios: ele afirmou sobretudo que, nos interstícios da dinâmica de poder e saber, em luta com esses mesmos dispositivos, há um lugar de "intensidades", uma possibilidade ética-estética de se produzir uma "existência artista" (DELEUZE, 1992, p. 142).

Por outro lado, quando o autor diz, em *A arqueologia do saber*, que o sujeito ocupa determinado lugar na ordem do discurso, que ele fala de um lugar e, portanto, não é dono livre de seus atos discursivos, Foucault não está negando que as pessoas, individualmente, possam perceber-se como únicas, indivisas, senhoras de seu destino e de seus menores atos. Essa aspiração permanente à unidade seria a grande ilusão que nos mantém em nossa normalidade. Percebendo-nos incompletos e múltiplos, tendemos à totalidade e à completude. Guardadas as proporções, em termos

---

[21] Obra traduzida no Brasil, com o título *Michel Foucault, uma trajetória filosófica: para além do estruturalismo e da hermenêutica* (Rio de Janeiro: Forense, 1995).

de produção teórica, os cientistas, mesmo entendendo que os saberes produzidos no seu campo são incompletos, em geral também tendem à busca de uma totalização. Mas voltemos ao sujeito. A tensão entre o eu e o outro é considerada não no espaço em que se relacionam sujeitos individuais, mas no espaço de uma relação mais ampla, baseada na noção de "dispersão do sujeito", como a formulou Foucault. Para ele, indivíduos diferentes podem ocupar o lugar de sujeito de um mesmo discurso, ou seja, a origem do discurso não estaria em sujeitos individuais. O sujeito do enunciado, conforme sua célebre formulação, é "um lugar determinado e vazio que pode ser efetivamente ocupado por indivíduos diferentes" (FOUCAULT, 1986, p.109)[22].

Quando faz sua crítica aos historiadores, na introdução de *A Arqueologia do Saber*, Foucault diz que "fazer da análise histórica o discurso do contínuo e fazer da consciência humana o sujeito originário de todo o devir e de toda prática são as duas faces de um mesmo sistema de pensamento" (FOUCAULT, 1986, p. 15). Segundo ele, todas as tentativas de descentração do sujeito – com Marx, com Nietzsche, com as ciências da linguagem – foram sendo transformadas no intuito de proteger a "soberania do sujeito". Assim, por exemplo, Marx teria sido antropologizado, e dele se fez um historiador das totalidades, embora sua análise tenha sido rigorosamente histórica e tenha apontado para a descontinuidade dos processos sociais. Mas como abandonar a ideia do devir histórico, da "atividade sintética" do sujeito, se é a ideia do devir que fornece à soberania do sujeito seu "abrigo mais seguro"? (FOUCAULT, 1986, p. 17).

Foucault usa 'sujeito' no estrito sentido etimológico da palavra. Em latim, a palavra é *sub-iéctus* ou *subjectus* e denota aquilo ou aquele que é "colocado por baixo", o mesmo que "súdito".[23] No ensaio sobre a relação entre sujeito e poder – "*Porquoi étudier le pouvoir: la question du sujet*", ele é bem claro: "Há dois sentidos para a palavra 'sujeito': sujeito submetido ao outro, através do controle e da dependência, e sujeito preso à sua própria identidade, através da consciência ou do conhecimento de si. Em ambos os casos, essa palavra sugere uma forma de poder que subjuga e assujeita"[24] (FOUCAULT, 1984b, p. 302-303, trad. minha). É nesse texto, aliás,

---

[22] Discuto mais detalhadamente o tema da "dispersão do sujeito", no capítulo III da tese de doutorado (FISCHER, 1996).

[23] Cf. KOEHLER, Pe. H. *Pequeno dicionário escolar latino-português*. Porto Alegre, Globo, 1960, p. 307. CUNHA, Antônio G. *Dicionário etimológico Nova Fronteira da Língua Portuguesa*. Rio, Nova Fronteira, 1982. p. 742.

[24] No original: "Il y a deux sens au mot 'sujet': sujet soumis à l'autre par le contrôle et la dépendance, et sujet attaché à sa propre identité par la conscience ou la connaissance de soi. Dans les deux cas, cet mot suggère une forme de pouvoir qui subjugue et assujettit".

que Foucault afirma não ter sido o poder, mas o sujeito – e as diversas formas de assujeitamento – o tema geral de suas investigações. E qual o elemento impulsionador dessa busca? Em primeiro lugar, a percepção de que os mecanismos de sujeição do indivíduo não constituiriam um momento final, um produto da exploração econômica e política, mas sim processos circularmente relacionados com outras formas de dominação, de tal forma que um ou outro desses tipos de dominação poderia prevalecer, conforme o momento histórico. Em segundo, a ideia de que o Estado ocidental moderno alcançou algo jamais visto na história das sociedades humanas – uma combinação complexa de técnicas de individualização e procedimentos totalizantes. Ou seja, em nossos dias estaria prevalecendo aquele tipo de poder que atinge prioritariamente o cotidiano imediato das pessoas, que se ocupa de saber o que se passa nas cabeças e consciências individuais, explorando almas e segredos, produzindo verdades nas quais todos devem se reconhecer e pelas quais são reconhecidos (FOUCAULT, 1984b, p. 304-305).

A ideia de um poder pulverizado, presente em todas as relações e em todos os lugares, expôs Foucault a ser classificado como o arauto da perseguição, da desesperança, do aprisionamento sem saída. Só no final de sua vida, no texto várias vezes citado aqui, justamente pela síntese aí realizada pelo autor, ele explicitou a importância de lutarmos contra todas as formas de assujeitamento, ou, como escreveu, contra a "submissão da subjetividade". Se somos sempre assujeitados, lutemos por formas de sujeição que não nos submetam tão radicalmente naquilo que mais nos é caro – nossa individualidade. Porém, ele acreditava que a maior dificuldade dessa luta estaria em considerar a particular forma de poder que nossa sociedade tão bem aprendeu a realizar e que tanto soube aperfeiçoar, ao longo de três séculos: um poder preocupado com o bem-estar da população e a saúde de cada um em particular, um poder que se reveste de "bondade" e sincera dedicação a toda a comunidade, mas que não tem condição de se exercer senão munindo-se de toda a informação sobre cada grupo, sobre o que pensam e sentem todos os indivíduos e como eles podem ser mais bem dirigidos.

O problema é este: como e por que lutar contra quem nos protege e quer nosso bem? O exemplo das grandes pesquisas de *marketing* parece feito sob medida para ilustrar o tipo de poder a que Foucault se refere: é possível até imaginar o autor tendo diante de si toda essa produção de dados sobre eleitores ou consumidores, esses dados frequentemente divulgados pelos órgãos de comunicação, e sem os quais nem o mercado nem a política parecem sobreviver. Veja-se, só para usar outro exemplo, a quantidade de pesquisas sobre o público jovem, uma das mais recentes conquistas do mercado nos anos 1990: certamente, não se investigam aí apenas o gosto dos novos consumidores e suas preferências em relação a roupas, alimentos ou formas de diversão. Quer-se saber mais: como esses jovens fazem amor, como se relacionam com a família, o que esperam para o futuro, que medos têm, quem escolheriam como líder, quais suas crenças ou qual sua identidade religiosa. Novamente, o contraditório problema: como e por que duvidar daquele que se dirige a nós e nos investiga, para supostamente servir-nos de uma melhor forma?

Inquieto inquiridor da cultura do seu tempo, Foucault depositou, no decorrer toda a sua obra, um olhar profundamente crítico a todas as formas de sujeição do homem, visíveis nos diferentes campos institucionais e nas inúmeras técnicas, procedimentos, estratégias, discursos e arquiteturas construídos historicamente. Seu olhar, porém, jamais foi benevolente ou paternalista, daquele tipo que enxerga a verticalidade das relações, a grandeza moral dos oprimidos em contraposição à perversão dos poderosos. Em suas aparentemente díspares investigações, ele sempre apontou para a ideia de que o poder existe em ato, e de ambos os lados: do lado de quem exerce o poder e do lado daquele sobre o qual o poder é exercido. Em ambos os lados há agentes, e há sempre espaço para respostas, reações, efeitos. Enfim, o poder se exerce sobre aquele que é livre. E a tendência da sociedade ocidental, como ele descobre, especialmente a partir da longa pesquisa feita para *Vigiar e punir*, tem sido aperfeiçoar, burilar, sofisticar as estratégias de poder, criando-se dispositivos cada vez mais complexos, nos quais os indivíduos terminam por enredar-se, tomando para si as próprias ações que lhe cingem a subjetividade.

A seguir, faço um apanhado geral de como Foucault foi transformando sua compreensão do sujeito, no percurso de suas investigações, até chegar a afirmar que a verdadeira motivação de suas pesquisas teria sido a luta maior e mais urgente contra tudo aquilo que nos submete a subjetividade.

O sujeito na trajetória de Foucault

Da *História da loucura* a *Vigiar e punir*

Como o louco passa a ser considerado um "doente mental"? Para identificar como nasceu o discurso psiquiátrico, Foucault, em *História da loucura*, analisa discursos médicos e práticas de internação, ocupando-se também com as instâncias sociais envolvidas – Igreja, família, medicina, justiça –, desde o Renascimento até o início do século XIX. Ele queria analisar como se deu o aparecimento da loucura no âmbito do problema da razão e da verdade. Na síntese de Roberto Machado, um estudioso dessa obra, inclusive seu tradutor, temos aí a descrição do longo processo de "dominação da loucura pela razão". Do Renascimento para a Idade Clássica, faz-se a "destruição da loucura, como saber que expressa a experiência trágica do homem no mundo, em proveito de um saber racional e humanista centrado na questão da verdade e da moral" (MACHADO, 1981, 61).

Foucault vai descrevendo como a questão da loucura não fica restrita ao ambiente da medicina; ao contrário, vai se configurando como um problema de razão e de moralidade. A criação dos primeiros hospitais, no século XVII, instituía a exclusão social, fundada principalmente em critérios morais: os enclausurados eram prostitutas (e todos os que adquiriam doenças venéreas), devassos, perversos sexuais, feiticeiros e magos, libertinos e, finalmente, os loucos, até então não vistos como doentes mentais. No século XVIII, porém, o discurso médico distinguia a loucura dos outros tipos de "erros morais", classificando-a como um produto da relação do homem com o seu meio e identificando-a como um fenômeno que se passa dentro do próprio sujeito. Segundo escreve Foucault, na loucura, o homem "não perde a verdade, mas *sua* verdade; não são mais as leis do mundo que lhe escapam, mas ele mesmo que escapa às leis de sua própria essência" (FOUCAULT, apud MACHADO, 1981, p. 73). Eles já não podem ficar livres, não são produtivos e se tornam perigosos para as comunidades. Resta-lhes o completo isolamento. Enclausurado, o louco é submetido ao olhar médico e jurídico, torna-se objeto de saberes. Criminosos passionais enclausurados, por exemplo, ao serem interrogados sobre seus desejos, seu passado até então desconhecido, sua percepção do mundo, muito mais do que sobre o próprio crime, são instados a confessar o que há de mais secreto em sua vida. É a história do outro, do diferente; é o nascimento da psicologia, da psiquiatria e de toda uma ciência médica que existe para explicitar a verdade básica do sujeito, cuja loucura agora é doença e, sendo assim, precisa ser tratada. Inicia-se a era do patológico, como acentua Machado, tempo que ainda existe, e cada vez mais, para todos nós.

É assim que Foucault vai construindo seu edifício teórico a respeito do tema do sujeito. Nessa primeira grande investigação – aliás, sua tese de doutoramento, orientada por Canguilhem –, como vimos, Foucault já identificava, na história da des-razão, um dos "instantes" desse longo processo pelo qual o homem buscou (e busca, cada vez mais) saber a verdade escondida do sujeito. Se aprendemos, com a *História da loucura*, o surgimento de uma "ciência da alma", podemos, com *O nascimento da clínica*, acompanhar como se plantaram as bases da ciência médica do corpo: percebido pelo olhar, o corpo do doente é falado, classificado, organizado em tipologias nosológicas, as quais não existiriam em essência, mas como doença de um corpo específico, concreto. O conhecimento médico se dá pela associação do olhar à linguagem. O espacial é verbalizado. E, pela análise arqueológica foucaultiana, se constrói uma figura completa e clara, em que a linguagem médica é vista em perfeita articulação com seu objeto, o corpo doente percebido pelo olhar daquele que examina. É o conhecimento a partir da "desordem" da enfermidade, da "perigosa alteridade no corpo humano", como diz o autor.[25] Mais adiante, em *As palavras e as coisas*, Foucault estudará detidamente os saberes a partir dos quais se constituíram as chamadas ciências humanas e vai nos mostrar como o homem é determinado pelo que se sabe dele e como só assim poderá ser conhecido. E, nesse momento, "o homem se descobre como um ser finito através das empiricidades, porque como sujeito do conhecimento é também um ser finito e descobre, mais fundamentalmente, a finitude de seu corpo, de seu desejo, de sua linguagem" (MACHADO, 1981, p. 135).

O aprofundamento do grande problema de como o homem se fez objeto de saber se dá, em *Vigiar e punir*, pela centralização em um novo foco de investigação: o poder. Foucault quis fazer uma "história política dos corpos", por meio da história das prisões. E descobriu o nascimento de uma sociedade das disciplinas, cujo foco é o controle pormenorizado dos corpos, que devem se fazer dóceis e úteis. A prisão moderna, do dispositivo panóptico, descrita em detalhes desde o momento em que se configurou como ruptura em relação às clássicas formas de punição, essa prisão seria, segundo o autor, o modelo por excelência da sociedade disciplinar, da qual somos herdeiros, e na qual se instaura uma nova economia do poder, bem mais eficaz e muito menos dispendiosa.

Ao fazer a história da microfísica do poder punitivo em *Vigiar e punir*, Foucault descreve os fundamentos da "alma" moderna que nos constitui, na contemporaneidade:

> [...] o homem de que nos falam e que nos convidam a liberar já é em si mesmo o efeito de uma sujeição bem mais profunda que ele. Uma 'alma' o habita e o leva à existência, que é ela mesma uma peça no domínio exercido pelo poder sobre o corpo. A alma, efeito e instrumento de uma anatomia política; a alma, prisão do corpo (FOUCAULT, 1991, p. 31-32).

O nascimento dessa alma moderna, segundo Foucault, se dá com a ruptura ocorrida durante o século XVIII, quando os governos, na sociedade ocidental, passaram a se preocupar com a população e com o corpo dos indivíduos: é o político se transformando no biopolítico; são as tecnologias disciplinares passando a ser aceitas, sob a forma de "igualdade e liberdade" (Cf. DREYFUS; RABINOW, 1984, p. 195 e ss.). Diante das profundas

---

[25] Conforme escreve Foucault no final do prefácio de *As palavras e as coisas*, na edição portuguesa do livro (FOUCAULT, s/d, p. 13).

mudanças econômicas do século XVIII, e defrontada com o problema da "acumulação de homens", a sociedade ocidental imaginou um novo tipo de poder. Como diz Foucault – em entrevista a Jean-Pierre Barou, a propósito do Panóptico, de Jeremy Bentham (popularizado pelo autor, em *Vigiar e punir*) –, era preciso que o poder tivesse circulação e se fizesse por novos canais, "cada vez mais sutis, chegando até os próprios indivíduos, seus corpos, seus gestos, cada um de seus desempenhos cotidianos. Que o poder, mesmo tendo uma multiplicidade de homens a gerir, seja tão eficaz quanto se ele se exercesse sobre um só" (Foucault, 1992a, p. 214).

A hipótese do genealogista é que nossa sociedade incorporou uma velha técnica de poder, o "poder pastoral", nascido nas antigas instituições cristãs. Distinta do poder soberano, a nova técnica consiste em criar e incentivar uma série de procedimentos, ligados a um objetivo último: a salvação individual. Segundo essa forma de poder, há que se ter uma preocupação constante com cada indivíduo em particular, durante toda a sua vida; é preciso também ter o conhecimento dos segredos mais íntimos de cada um a habilidade de conduzir cada ovelha do rebanho. Em suma, há que se produzir e reafirmar, permanentemente, uma verdade: a verdade do próprio indivíduo (Cf. Foucault, 1988, p. 10). O preso de *Vigiar e punir* é objeto de produção de saberes, na medida em que seu corpo se oferece e, ao mesmo tempo, resiste à normalização. Classificado, julgado, exercitado, comparado, diferenciado, hierarquizado, homogeneizado, excluído – em uma palavra, normalizado –, o homem dos cárceres incorpora literalmente uma "arte de punir e de ser punido". Ele aprende a docilidade de um corpo que se reconhece como vigia de si mesmo, e se esmera em tornar-se apto, produtivo, capaz, disposto a um aprisionamento jamais percebido como tal.

Da verdade perdida pelo louco e da justificação de seu enclausuramento (*História da loucura*), à atomização do corpo doente sob o olhar médico (*O nascimento da clínica*) e à docilização dos presidiários (*Vigiar e punir*) – ou seja, da análise arqueológica dos primeiros textos à opção pela abordagem genealógica –, estamos ainda diante do tema do sujeito, que aqui poderíamos entender sob duas óticas. De um lado, acompanhamos a trajetória de um historiador que se define por querer se libertar da ideia de um sujeito constituinte, transcendente e ideal: de fato, suas análises nos falam de um sujeito que se constitui por dentro de própria trama histórica, apanhada em regiões e em locais muito específicos, como os hospitais e as prisões, na Europa dos séculos XVII e XVIII. De outro, nos defrontamos com um conjunto de técnicas e procedimentos de controle e fragmentação dos indivíduos, os quais se tornam perfeitamente disponíveis a uma série de saberes: constituem-se subjetividades, no seio de lutas por imposição de sentido, na história da produção de efeitos de verdade. E essa subjetividade é muito concreta: ela toma corpo nos gestos, na postura, no olhar, nos discursos, descritos magistralmente pelo autor.

O sujeito em *A vontade de saber, O uso dos prazeres* e *O cuidado de si* (*História da sexualidade I, II e III*)

A partir do século XIX, os dois polos do "biopoder" – numa figura só, o controle do corpo dos indivíduos e do grande "corpo" da população – desembocam numa espetacular preocupação com o sexo: o discurso da sexualidade passa a ser um discurso sobre a vitalidade do corpo e sobre a maximização da vida. Incorporando a hipótese repressiva do poder – contestada violentamente por Foucault –, o biopoder atinge o cotidiano do indivíduo e o convida a confessar-se, a liberar-se, a desamarrar-se da opressão. Produz-se um saber sobre o sexo, saber que se aplica diferentemente em relação a ricos e pobres: estes, em nome da higiene pública, aprendem, por exemplo, a controlar o incesto; aqueles, mais tarde, terão acesso à psicanálise, e obterão o remédio para a repressão. Para Foucault, o problema das sociedades modernas não é ter condenado o sexo à obscuridade, e sim ter dedicado todos os esforços para falar dele sem cessar, valorizando-o como "o" segredo.

Colocando em suspenso alguns postulados tradicionais nas análises de poder, como o que fundamenta a "hipótese repressiva", o autor se dedica a fazer uma história da sexualidade, cujo primeiro passo é justamente descrever o domínio do funcionamento das relações de poder. Aprendemos tudo o que ele "não é": o poder não se possui, não é uma propriedade, não está localizado no Estado, não é mera superestrutura, enfim, não atua pelos mecanismos da repressão e da ideologia. Por oposição, também aprendemos que o poder, antes de tudo, é um "efeito de conjunto": é uma estratégia, é algo que está em jogo, ele incita, promove, produz e é "positivo". Produz o quê? Sujeitos, discursos, formas de vida. Como? Através da transformação técnica dos indivíduos.

Em *A vontade de saber*, primeiro volume da *História da sexualidade*, Foucault nos mostra, por exemplo, como se produziram, ao longo do século XIX, quatro figuras sexualizadas: a mulher histérica, a criança masturbadora, o casal "malthusiano" e o adulto perverso. Descrevendo-as em relação às redes de poder e saber que as constituíram, Foucault mostra simultaneamente como se produziu esse objeto – a sexualidade, que ele identifica como um dispositivo histórico de controle das populações. O "dispositivo da sexualidade" é definido como um aparato discursivo e não discursivo, em que

> [...] a estimulação dos corpos, a intensificação dos prazeres, a incitação ao discurso, a formação dos conhecimentos, o reforço dos controles e das resistências, encadeiam-se uns aos outros, segundo algumas estratégias de saber e poder (FOUCAULT, 1990a, p. 100).

O grande tema aí é o da colocação do sexo em discurso. O sexo passa a ser tratado como fato político, e é regulado por toda uma discursividade, muito mais do que pela proibição, como o faz crer a hipótese repressiva. É preciso controlar as taxas de natalidade e, para isso, desenvolve-se um interesse obsessivo por dominar todos os dados que envolvam o ato reprodutivo: o casamento, as relações sexuais, as interdições e as perversões. Afinal, como cada uma das pessoas usa seu sexo? A família e as primeiras instituições escolares colocam-se em estado de alerta: há que vigiar o possível e sempre iminente encontro do indivíduo com o seu sexo, desde a infância e, sobretudo, na adolescência. Para tanto, não só a fala dos pedagogos multiplica saberes sobre a sexualidade dos mais jovens, por exemplo, como os espaços e os rituais escolares da Europa, a partir do século XVIII (a arquitetura dos prédios, a disposição das salas, os regulamentos disciplinares), aparentemente mudos, são a própria manifestação de um discurso interminável sobre a sexualidade. Ao mesmo tempo, a medicina aperfeiçoa suas pesquisas em anatomia, para descobrir a origem de possíveis degenerescências; e o discurso jurídico multiplica formas de fazer os indivíduos falarem de si e deixarem o registro de sua confissão de perversidade.

Em nome de uma urgência biológica e histórica, justificaram-se oficialmente todos os tipos de racismo; degenerados, bastardos e 'tarados' deviam ser de alguma forma eliminados ou, pelo menos, controlados, mas não sem antes confessar sua vida infame. A grande matriz geradora da discursividade sobre o sexo, segundo Foucault, é a técnica da confissão, que como tal permanece até nossos dias. Extorquida de todas as formas e insistentemente, a confissão sobre o inconfessável – sobre os pensamentos e desejos perversos, os inumeráveis prazeres, as distorções do ato sexual – é a técnica-síntese da imensa vontade de saber do homem. E a sexualidade vai aparecendo não só como verdade do indivíduo e de seus prazeres, mas principalmente como um lugar por excelência do patológico e do oculto que urge decifrar.

Há uma dupla produção de verdade sobre o sujeito: o sexo, esse "fragmento de noite que cada qual traz consigo", é objeto de uma verdade que acreditamos estar em nós e, por isso, a dizemos, esperando que o Outro, o decifrador, nos devolva o que somos, ajudando-nos a liberar o que em nós se ocultava. Temos aí a gestação do longo processo de construir uma ciência do sujeito, como esclarece Foucault:

> Foi nesse jogo que se constituiu, lentamente, desde há vários séculos, um saber do sujeito, saber não tanto sobre sua forma porém daquilo que o cinde; daquilo que o determina, talvez, e sobretudo o faz escapar a si mesmo. Talvez isso pareça inopinado, mas não é estranho quando se pensa na longa história da confissão cristã e judiciária, nos deslocamentos e transformações desta forma de saber-poder, tão básica no Ocidente, que é a confissão: através de círculos cada vez mais fechados, o projeto de uma ciência do sujeito começou a gravitar em torno da questão do sexo. A causalidade no sujeito, o inconsciente do sujeito, a verdade do sujeito no outro que sabe, o saber, nele, daquilo que ele próprio ignora, tudo isso foi possível desenrolar-se no discurso do sexo. Contudo, não devido a alguma propriedade natural inerente ao próprio sexo, mas em função das táticas de poder que são imanentes a tal discurso (FOUCAULT, 1990a, p. 68-69).

No volume II de sua *História da sexualidade, O uso dos prazeres*, o autor reavalia seu percurso investigativo e se coloca uma pergunta nova, sobre o modo como o homem ocidental construiu uma ciência do sujeito: agora, Foucault quer saber como fomos levados a nos reconhecer como "sujeito de desejo". Para responder a essa questão, foge ao plano estabelecido em *A vontade de saber* e reorganiza seus estudos em direção aos textos da Antiguidade Clássica, a fim de saber: (a) como se deu a lenta formação de uma "hermenêutica de si"; (b) por que o sexo vem sempre acompanhado de uma ideia de moral; (c) como, enfim, o homem problematiza a si mesmo e à sua vida.

Do ponto de vista metodológico, o autor fornece a chave de uma pesquisa que se compromete não com ideias e comportamentos, nem com visões de mundo ou ideologias, mas com problematizações e práticas. Arqueologista, ele vai apanhar os discursos da Antiguidade Clássica, em que o homem é questionado de diferentes formas, como um ser que pode e deve ser pensado; genealogista, ele se apoia nas práticas que depreende dos discursos, e as vê em seu movimento e transformação, em suas descontinuidades. É assim que ele descobrirá, nos textos, um conjunto de regras, opiniões, conselhos, aos quais o cidadão devia recorrer para orientar sua prática cotidiana – um conjunto de "práticas de si" –, em direção a uma "arte da existência". A prática de si é considerada uma questão de ordem moral, prescritiva. E o sujeito é alguém que se constitui sujeito moral e cujas ações se harmonizam com as normas de um determinado código, de um certo tipo de prescrição. Para obter sucesso nessa empreitada ética, a "relação consigo" é fundamental: trata-se de uma relação de aprendizado e reflexão em direção ao próprio interior, de autodeciframento, exame, de exercício sobre si mesmo, de transformação de si, de autocontrole, aperfeiçoamento constante.

O mergulho de Foucault nos textos clássicos – como os de Clemente de Alexandria, Aristóteles, Plínio, Plutarco, Sêneca, Xenofonte, Platão –, entremeado de comentários a respeito dos discursos sobre a formação de si, especialmente os produzidos pela literatura cristã medieval, leva-o a descobrir uma permanência de temáticas, como a do sexo, esse "medo tão antigo". Desviar-se do prazer, manter-se fiel no casamento, praticar a abstinência sexual, por exemplo, são algumas das recomendações para quem deseja ter acesso à verdade de si mesmo, encontradas na maioria desses textos. Ou seja, mais uma vez, a correlação entre sexo e saber, sexo e verdade. Mas o que interessa a Foucault, para além das permanências, são as diferenças, os modos de os homens se constituírem sujeitos morais, em momentos históricos distintos.

Para tanto, o autor parte de uma espécie de esquema de leitura dos textos, de onde retira quatro pontos fundamentais, que permitirão o desenho de um determinado tipo de relação entre moral e "prática de si": a substância ética, o modo de sujeição, o trabalho ético e a teleologia[26]. Definido, por exemplo, que assumimos, como cidadãos gregos, a fidelidade como centro de nosso comportamento ético, podemos determinar que: (1) vamos ser fiéis essencialmente pelo domínio de nossos desejos (substância ética); (2) submetemo-nos à fidelidade por nos reconhecermos num grupo que a pratica e a proclama (modo de sujeição); (3) exercitamo-nos memorizando preceitos e regulando diuturnamente nossa conduta em relação à fidelidade (trabalho ético) (4) essa ação moral é motivada pela aspiração a uma perfeição de nossa alma imortal (teleologia). Um quadro como esse permitiu a Foucault estabelecer claramente as diferenças, por exemplo, entre as morais cristãs e as reflexões morais da Antiguidade greco-romana. Nelas o filósofo descobriu uma preocupação com as práticas de si e com a ascese.

O "uso dos prazeres", segundo a moral grega de homens e para homens – na relação com o corpo, com a esposa, com os rapazes e com a verdade –, mais do que servir a um regramento da conduta, em relação ao permitido e ao proibido, tem o objetivo maior de fazer da vida e do próprio homem um objeto de arte. Diz respeito principalmente à arte política de governar a si mesmo, para assim poder governar os outros. Certamente, encontramos nessa ética sexual muito do que ainda experimentamos hoje quanto às desigualdades e coerções nas relações sexuais; mas, como indica Foucault em suas conclusões, devemos atentar para a forma como ela foi problematizada entre os gregos da época clássica: mesmo que efetivamente

---

[26] Esse quadro é exposto pormenorizadamente no capítulo 3 de *O uso dos prazeres* e é aplicado no trabalho que faz sobre os textos, conforme se acompanha em todo o livro (FOUCAULT, 1990b).

preconizasse a submissão e a inferioridade do escravo e da mulher, por exemplo, ela se referia substancialmente à relação de um homem livre com sua própria liberdade, com as formas de seu poder e com os modos de acessar a verdade (Cf. FOUCAULT, 1990b, p. 220).

A "relação consigo" envolve basicamente uma relação de poder sobre si mesmo, exercida através das "práticas de si": o permanente de aperfeiçoamento de si, que atinge toda a vida do indivíduo, pauta-lhe desde o modo de dormir, de comer, de fazer amizades, casar ou procriar. Ainda não se trata da hermenêutica do sujeito, da centralidade na decifração de si mesmo – que vamos encontrar mais intensamente nas práticas e tecnologias de si, propostas pela literatura cristã – mas de um intenso voltar-se para si mesmo e em si encontrar a verdade, em nome de uma estilização da vida. Os gregos, segundo Foucault, tendo inventado a relação de poder entre homens livres, inventam a relação de poder para consigo mesmos: em outras palavras, colocando a força em direção ao "eu", eles inventam a "subjetivação":

> Não é mais o domínio das regras codificadas do saber (relação entre formas), nem o das regras coercitivas do poder (relação da força com outras forças), são regras de algum modo facultativas (relação a si): o melhor será aquele que exercer um poder sobre si mesmo. Os gregos inventam um modo de existência estético (DELEUZE, 1992, p. 141).

Em *O cuidado de si*, terceiro volume da *História da sexualidade*, Foucault mostra detalhadamente como, nos primeiros séculos de nossa era, gregos e romanos produziram e viveram uma ética que ele identificou como ética da austeridade. Utilizando o mesmo esquema de análise exemplificado acima e detendo-se sobre textos que orientavam e definiam as relações do homem com seu corpo, das formas de vínculo entre homens e mulheres, e dos homens entre si – em obras de Plutarco, Xenofonte, Artemidoro, Sêneca e especialmente Epíteto, entre tantos outros –, o filósofo identificou um fenômeno que, segundo ele, teria longo alcance histórico e que ali conhecia seu apogeu: "o desenvolvimento daquilo que se poderia chamar uma 'cultura de si', na qual foram intensificadas e valorizadas as relações de si para consigo" (FOUCAULT, 1985, p. 49). Mesmo permanecendo como o grande objetivo – fazer de sua existência uma arte –, este adquiria nova configuração, visível nas práticas então propostas.

As formas de intensificar as relações consigo, segundo as quais o homem era chamado a fazer de si um objeto de conhecimento e campo de ação, para "transformar-se, corrigir-se, purificar-se e promover a própria salvação" (FOUCAULT, 1985, p. 48), revestiam-se agora de uma clara opção pela vida austera, pela prática de um exame ritmado dos atos diários, de um aprofundamento dentro de si mesmo, porém sem jamais perder de vista que cuidar de si era, antes de tudo, uma prática social e política. O amor pelos rapazes já é menos valorizado, o casamento merece atenção mais cuidadosa, e há mais inquietação quanto à conduta sexual. Guias para a interpretação dos sonhos, como o de Artemidoro, mostram que saber decifrar o sonhado é menos um exercício de curiosidade do que uma atividade útil e produtiva, para gerir a própria existência e prevenir-se quanto a acontecimentos futuros. Chama a atenção dada à importância de cada um ter confidentes, guias, amigos ou diretores espirituais: expor a própria alma é útil aos dois, confessor e confidente, pois um recebe conselhos, e o outro pode reatualizá-los para si mesmo, como ensinava Sêneca (*Idem*, p. 57). A medicina aparece como um campo de poder dos mais importantes, junto com a filosofia: ambas tratariam da mesma coisa, das paixões e doenças físicas, da necessidade da temperança nas relações sexuais e na alimentação, pois entendia-se que o corpo e a alma poderiam se perturbar mutuamente. Epíteto chegava a afirmar que a escola do filósofo era como um gabinete médico; a ela os discípulos deviam chegar como alguém que está doente: "Quereis aprender os silogismos? Curai primeiro vossas feridas, estancai o fluxo de vossos humores, acalmai vossos espíritos" (SÊNECA, *apud* FOUCAULT, 1985, p. 61).

Em suma, reconhecemos nesses preceitos e regramentos da relação consigo – essa relação de poder sobre si mesmo que não se separa da relação de poder sobre os outros –, uma similitude com o que se verá nas morais ulteriores, do início da Era Cristã até nossos dias. Estas, segundo diz Foucault na conclusão de *O cuidado de si*,

> [...] definirão outras modalidades da relação consigo: uma caracterização da substância ética a partir da finitude, da queda e do mal; um modo de sujeição na forma da obediência a uma lei geral que é ao mesmo tempo vontade de um deus pessoal; um tipo de trabalho sobre si que implica decifração da alma e hermenêutica purificadora dos desejos; um modo de realização ética que tende à renúncia de si. Os elementos do código concernentes à economia dos prazeres, à fidelidade conjugal, às relações entre homens, poderão muito bem permanecer análogos. Eles então farão parte de uma ética profundamente remanejada e de uma outra maneira de constituir-se a si mesmo enquanto sujeito moral de suas próprias condutas sexuais (FOUCAULT, 1985, p. 235).

As *techniques de soi*, descritas por Foucault na análise dos textos clássicos, transformavam o imperativo socrático do "conhece-te a ti mesmo" em algo mais "prático", porém bem mais amplo: não só se conhecer mas se governar, aplicar ações a si próprio, tendo por certo que o objetivo maior somos nós mesmos e, ainda, que o instrumento de chegada ao que nos define somos nós mesmos também. A pergunta era: "Que fazer de si mesmo, para atingir uma vida esteticamente mais bela?". Mas, nos últimos textos estudados em *O cuidado de si,* já se pode vislumbrar a preocupação com um controle mais rígido da vida dos homens, uma ética mais austera, como se viu. Autodecifrar-se, confessar-se ao outro, examinar-se e sacrificar-se serão as técnicas por excelência da ética cristã, tomadas dos gregos, as quais se aliam à máxima socrática do conhecimento de si, a serviço da maior honra e glória de Deus. Surge o homem culpado, o sujeito que, sobretudo, falha e precisa confessar o pecado, pagar por seu erro, aliviar-se e um dia descansar nos braços do Senhor. Essa moral cristã entranhou-se no corpo e na alma ocidental, percorre os discursos científicos, esquiva-se aqui e ali e reaparece silenciosa nas práticas cotidianas de todos nós.

Sujeições do presente: problematizando algumas práticas de confissão

"A 'tecnologia de si' é um imenso domínio, muito complexo, cuja história é preciso fazer" (FOUCAULT, 1984a, p. 342, trad. minha). A lição mais importante dessa trajetória do sujeito em Foucault é que, para pensar, investigar ou pesquisar qualquer tema, particularmente no campo das ciências humanas, é absolutamente imprescindível dedicar-se a um trabalho que contemple o ponto de vista histórico. Descrever as práticas de si, por exemplo, tal como aparecem nos textos da mídia, da pedagogia ou da medicina, neste Brasil do final dos anos 1990, significa empreender a descrição de algumas figuras históricas de constituição de subjetividade que, certamente, apresentam interferências e cruzamentos com outras figuras, algumas delas estudadas por Foucault, como vimos acima.

Quando o autor se detém sobre o relato de inúmeras técnicas de si, expostas nos textos clássicos, descobriu que as práticas relativas ao *souci de soi même* (cuidado consigo mesmo) diziam respeito à necessidade que o homem tinha de discursos verdadeiros para dirigir-lhe a vida – as palavras certas para enfrentar o real, para saber seu lugar na ordem das coisas, sua dependência ou independência em relação aos acontecimentos. Mas como existiam efetivamente esses discursos na vida dos gregos? Eles existiam como uma voz interior, que devia se fixar em cada um, e era preciso que estivessem sempre à mão, como um remédio. Isso era alcançado por meio de muitas e variadas técnicas: exercícios de memorização, de escrita, de leitura e reflexão, de meditações sobre a vida e a morte, doença e sofrimento, de histórias exemplares de vida.

> Temos aí um conjunto de técnicas que têm por fim ligar a verdade e o sujeito. Mas é preciso compreender bem: não se trata de descobrir uma verdade no sujeito nem de fazer da alma o lugar onde reside: não se trata

de descobrir uma verdade no sujeito, nem de fazer da alma o lugar onde reside – por um parentesco de essência ou por um direito de origem – a verdade; não se trata mais de fazer da alma o objeto de um discurso verdadeiro. Estamos ainda muito longe daquilo que seria uma hermenêutica do sujeito. Trata-se, ao contrário, de armar o sujeito de uma verdade que ele não conhece e que não reside nele; trata-se de fazer dessa verdade – apanhada, memorizada, progressivamente colocada em aplicação – um quase-sujeito, que reina soberanamente em nós (FOUCAULT, 1989, p. 159-160, trad. minha).

A "tecnologia de si", descrita por Foucault nos *Résumés des cours*, aparece aí em sua concretude histórica, anunciando as transformações que sofrerá. É a primeira grande ruptura: o Cristianismo se apropriará das técnicas clássicas do *souci*, investindo-as de outra função, qual seja, a de servir para que o homem pudesse encontrar uma suposta verdade escondida. Assim, por exemplo, as

> [...] técnicas clássicas de austeridade, que no tempo dos estoicos visavam à direção de si mesmo, foram transformadas em técnicas destinadas a assegurar a purificação dos desejos e à supressão do prazer, a fim de que a austeridade se tornasse um fim em si mesma (DREYFUS; RABINOW, 1984, p. 349, trad. minha).

Para Foucault, a cultura contemporânea de si se apoia na ideia cristã de um eu ao qual é preciso renunciar, em nome da relação com Deus. Ou seja, através de todo um saber psicológico e da prática psicanalítica, descobrimos nosso verdadeiro eu, renunciando a tudo o que produz em nós a alienação e o obscurecimento do que realmente somos. A cultura clássica de si, ao contrário, propunha a ideia de cada um construir, criar a si mesmo, como uma verdadeira obra de arte (DREYFUS; RABINOW, 1984, p. 339).

Se o autor de *As tecnologias do eu* identificou – sobre as "práticas de si" – as diferenças e similitudes entre os gregos antigos e a cultura greco-romana do período imperial, e destes com os primeiros tempos do Cristianismo, talvez possamos participar da construção dessa história dos modos de "relação consigo", situando as práticas discursivas e não discursivas de nosso tempo, a respeito da cultura de si, comparativamente às épocas estudadas por Foucault e, inclusive, a momentos marcantes da segunda metade deste século. Assim, por exemplo, uma das realidades mais intrigantes de nossa cultura – e que certamente merece a atenção de estudiosos, em particular do campo da educação – talvez seja a que diz respeito à intensa prática confissão, já que a ideia de que "tudo deve ser dito" parece ter-se tornado uma obsessão para o homem contemporâneo.

Desde os manuais de confissão da Idade Média, com a sugestão de uma minuciosa descrição dos atos sexuais; o movimento da Contrarreforma, com as imposições de regras meticulosas de examinar a si mesmo; a construção de uma complexa aparelhagem de produção de discursos sobre sexo, no decorrer dos séculos XVII e XVIII, por meio de inúmeras práticas médicas, pedagógicas, psiquiátricas e jurídicas; até o desenvolvimento das práticas terapêuticas e psicanalíticas dos nossos tempos – a história ocidental aprendeu um paradoxal mecanismo de produção de verdade, que aliou uma profunda vontade de saber (base do discurso científico) a uma obstinada vontade de não saber.

Ou seja, a compulsão aprendida de tudo falar, de tudo confessar, não significa univocamente que o dito libera, o falado em si produza verdade; é como se estivéssemos de fato num jogo de verdade e falsidade, e a confissão – com todas as técnicas de exposição ilimitada de si mesmo – para permanecer como prática desejável e permanente, também produzisse "desconhecimentos, subterfúgios, esquivas", como escreveu Foucault em "Scientia sexualis", de *A vontade de saber*. O jogo da produção da verdade, em especial a verdade sobre sexo, inclui portanto também o não saber.

Parafraseando o autor, a ideia cristã era que tudo devia ser dito para tudo ser apagado; no século XVII, com a proliferação de outros mecanismos de confissão – a denúncia, a queixa, o inquérito, o interrogatório –, elimina-se a ideia do perdão e enfatiza-se o simples e puro registro; e hoje o poder que se exerce sobre a vida cotidiana é "constituído por uma rede fina, diferenciada, contínua, onde se disseminam as diversas instituições da justiça, da política, da medicina, da psiquiatria" (FOUCAULT, 1992a, p. 122). Os discursos de nossos tempos, baseados igualmente na confissão (presentes em diferentes modalidades enunciativas, como as reportagens, entrevistas, depoimentos, cartas aos jornais e revistas, os relatórios médicos, psicológicos e psiquiátricos, as descrições pedagógicas de comportamentos escolares, as diferentes pesquisas de mercado) – presumidamente neutros e frutos de simples observações –, trazem à visibilidade o banal de nossas vidas, infames ou brilhantes que sejam, e esse banal é analisado através de uma teia em que se cruzam os fios da administração do público, da voz jornalística e publicitária e da ciência, sobretudo a ciência médica. Talvez estejamos assistindo ao que Foucault previu, em 1977, quando afirmou que a pungência dos documentos sobre os excluídos dos séculos XVII e XVIII – naquele "primeiro afloramento do cotidiano no código do político" um dia haveria de se perder, "quando se fizessem, daquelas coisas e daqueles homens, 'processos', atualidades de jornal, casos" (FOUCAULT, 1992a, p. 123).

Nos textos dos manuais de autoajuda, de uma pedagogia que busca de todas as formas de aproximar das histórias de vida de cada sujeito, na grande maioria dos textos da mídia, a discursividade sobre "que fazer de si mesmo" passa sempre por uma "revelação de si". A base desse tipo de documentos, em geral, é a confissão que os próprios sujeitos fazem de sua vida íntima, de sua precariedade humana, dos seus desejos, dos seus pecados ou até dos simples atos do seu cotidiano. Na mesma medida em que proliferam ocasiões nas quais as pessoas (sujeitos comuns ou celebridades) são convidadas a expor as mazelas de sua privacidade (ou são apanhadas involuntariamente nessa condição), multiplicam-se as respostas aos conflitos aí confessados, na voz de um sem-número de *experts*: psicólogos, psicanalistas, orientadores educacionais, médicos de todas as especialidades, comunicadores alçados a diretores espirituais, pediatras – toda uma gama de conselheiros do corpo e da alma – se dedicam a comunicar os novos saberes que nos diferentes ambientes se produzem. São dois tipos de textos – dos que se confessam e dos que interpretam as confissões, a partir de um certo campo de conhecimento –, em que sobressai um discurso sobre a sexualidade, sobre a intimidade amorosa, sobre as relações afetivas, sobre o uso que as pessoas fazem do seu corpo.

Conclusão

Antes de pretender realizar, a rigor, uma discussão aprofundada da trajetória de Michel Foucault, em relação a seus criativos e complexos modos de conceber o sujeito, o propósito, aqui, foi mostrar que esse tema, na verdade, está presente na quase totalidade dos textos, investigações, entrevistas e aulas do filósofo.

Da mesma forma, foi possível mostrar, a partir da discussão dos conceitos de sujeito, sujeição, assujeitamento e subjetivação – ligados aos temas da exclusão, do enclausuramento, do poder sobre os corpos, da interminável vontade de saber do homem ocidental –, que o conjunto da obra de Foucault propicia, especialmente àqueles que se dedicam ao trabalho intelectual, um estímulo dos mais criativos, no sentido da permanente busca de "pensar diferente" do que pensamos. Sua obra – e, nela, a original compreensão sobre o sujeito – significa, antes de tudo, uma afirmação de vida,[27] justamente porque o filósofo, como lemos em seu

---

[27] Ver, a propósito, o artigo de Jurandir Freire Costa, intitulado "O sujeito em Foucault: estética da existência ou experimento moral?", em que o autor discute as críticas de universalistas e neopragmáticos às ideias foucaultianas sobre a ética do sujeito. Concordo com Costa na sua defesa de Foucault, definido por ele como "um dos últimos revolucionários utópicos de nosso presente

amigo e comentador Deleuze, pensou e viveu a vida como uma morte múltipla: se a morte se multiplica e se diferencia, é assim que ela dá à vida as singularidades e as verdades que lhe pautam os modos de existência (Cf. DELEUZE, 1991, p 102).

Foi a potência de vida que havia em Foucault que o fez mergulhar na investigação sobre o poder e o sujeito, sobre a verdade dos sujeitos, a mergulhar em tantas vidas anônimas, que só se manifestaram porque se enfrentaram com o poder. Essa mesma potência de vida o fez se arriscar a pensar o outro dentro de seu próprio pensamento, como ele mesmo afirmou a respeito de si. E é justamente esse o convite que o tema do sujeito e toda a sua obra nos faz: o de convertermos o olhar, e o de nos arriscar a pensar "de outro modo" e, portanto, a viver nas fronteiras da criação. Como escreve Deleuze:

> Desde que se pensa, se enfrenta necessariamente uma linha onde estão em jogo a vida e a morte, a razão e a loucura, e essa linha nos arrasta. Só é possível pensar sobre essa linha feiticeira, e diga-se, não se é forçosamente perdedor, não se está obrigatoriamente condenado à loucura ou à morte (DELEUZE, 1992, 129).

---

histórico", da mesma linhagem de um Marcuse, mas "sem a crença ingênua 'na boa natureza do sexo' e nas virtudes universais da 'razão estética'" (COSTA, 1995, p. 136).

Capítulo 4
Sobre discursos e a análise enunciativa[28]

O objetivo deste texto é oferecer elementos para uma discussão teórica e metodológica sobre o conceito de discurso em Michel Foucault e a respectiva contribuição para as investigações no campo educacional. Tal empreitada se justifica, na medida em que proliferam nessa área pesquisas que se propõem a analisar discursos – de professores e professoras, de alunos de diferentes níveis, de instituições ligadas à educação, de textos oficiais sobre políticas educacionais, entre outros. Apresento aqui os principais conceitos relacionados à teoria foucaultiana do discurso – enunciado, prática discursiva, sujeito do discurso, heterogeneidade discursiva –, tecendo comentários sobre as ricas possibilidades que essa proposta oferece em termos teóricos e metodológicos. Para melhor entendimento da teoria, utilizo ora exemplos genéricos do campo da educação, ora exemplos específicos de uma pesquisa por mim realizada, sobre as relações entre mídia e adolescência.[29]

A construção discursiva do social

Para analisar os discursos, segundo a perspectiva de Foucault, precisamos antes de tudo recusar as explicações unívocas, as fáceis interpretações e igualmente a busca insistente do sentido último ou do sentido oculto das coisas – práticas bastante comuns quando se fala em fazer o estudo de um "discurso". Para Michel Foucault, é preciso ficar (ou tentar ficar)

---

[28] Artigo originalmente publicado em *Cadernos de Pesquisa* da Fundação Carlos Chagas, São Paulo (SP), v. 114, p. 197-223, 2001, com o título "Foucault e a análise do discurso em educação".

[29] Na tese (FISCHER, 1996) analisei produtos da mídia como a revista *Capricho*, a série de TV *Confissões de adolescente*, o caderno *Folhateen*, da *Folha de S. Paulo*, e o *Programa Livre*, do SBT.

simplesmente no nível de existência das palavras, das coisas ditas. Isso significa que é preciso trabalhar arduamente com o próprio discurso, deixando-o aparecer na complexidade que lhe é peculiar. E a primeira tarefa para chegar a isso é tentar se desprender de um longo e eficaz aprendizado que ainda nos faz olhar os discursos apenas como um conjunto de signos, como significantes que se referem a determinados conteúdos, carregando tal ou qual significado, quase sempre oculto, dissimulado, distorcido, intencionalmente deturpado, cheio de "reais" intenções, conteúdos e representações, escondidos nos e pelos textos, não imediatamente visíveis. É como se no interior de cada discurso, ou num tempo anterior a ele, se pudesse encontrar, intocada, a verdade, desperta então pelo estudioso.

Para Foucault, nada há por trás das cortinas, nem sob o chão que pisamos. Há enunciados e relações, que o próprio discurso põe em funcionamento. Analisar o discurso seria dar conta exatamente disso: de relações históricas, de práticas muito concretas, que estão "vivas" nos discursos. Por exemplo, analisar textos oficiais sobre educação infantil, nessa perspectiva, significará antes de tudo tentar escapar da fácil interpretação daquilo que estaria "por trás" dos documentos, procurando explorar ao máximo os materiais, na medida em que eles são uma produção histórica, política; na medida em que as palavras são também construções; na medida em que a linguagem também é constituidora de práticas.

Mas então declara-se aqui a completa autonomia do discurso, o reino absoluto e independente das palavras? O discurso organizaria a si mesmo, inclusive as práticas sociais? Talvez as obras foucaultianas da década de 1960 – *As palavras e as coisas* e *A arqueologia do saber* – como registra David Couzens Hoy,[30] sugerissem essa concepção idealista e estruturalista da linguagem, o que inclusive foi admitido por Foucault. Porém, a ideia de categorias universalmente constitutivas, próprias do estruturalismo e do idealismo filosófico, jamais se ajustou ao projeto maior do filósofo. Segundo Dreyfus e Rabinow, ele desejava demonstrar exatamente o contrário, ou seja, a inexistência de estruturas permanentes, responsáveis pela constituição da realidade. A conceituação de discurso como prática social – já exposta em *A arqueologia do saber,* mas que se torna bem clara em *Vigiar e punir* e na célebre aula *A ordem do discurso* – , sublinha a ideia de que o discurso sempre se produziria em função de relações de poder. E, mais tarde, nos três volumes de sua *História da sexualidade,* o pensador nos mostra explicitamente que há um duplo e mútuo condicionamento entre as práticas discursivas e as práticas não discursivas, embora permaneça a ideia de que o discurso seria constitutivo da realidade, e produziria, como

---

[30] Organizador e autor da introdução do livro *Foucault: a critical reader* (HOY, 1987).

o poder, inúmeros saberes. Na verdade, ele falou disso desde o início de suas investigações; e em *A arqueologia do saber* o mesmo assunto aparece sob a forma de reflexão sobre o trabalho realizado e sobre projetos futuros:

> [...] gostaria de mostrar que o discurso não é uma estreita superfície de contato, ou de confronto, entre uma realidade e uma língua, o intrincamento entre um léxico e uma experiência; gostaria de mostrar, por meio de exemplos precisos, que, analisando os próprios discursos, vemos se desfazerem os laços aparentemente tão fortes entre as palavras e as coisas, e destacar-se um conjunto de regras, próprias da prática discursiva. [...] não mais tratar os discursos como conjunto de signos (elementos significantes que remetem a conteúdos ou a representações), mas como práticas que formam sistematicamente os objetos de que falam. Certamente os discursos são feitos de signos; mas o que fazem é mais que utilizar esses signos para designar coisas. É esse *mais* que os torna irredutíveis à língua e ao ato da fala. É esse "mais" que é preciso fazer aparecer e que é preciso descrever (FOUCAULT, 1986, p. 56).

Na verdade, tudo é prática em Foucault. E tudo está imerso em relações de poder e saber, que se implicam mutuamente. Ou seja, enunciados e visibilidades, textos e instituições, falar e ver constituem práticas sociais por definição permanentemente presas, amarradas às relações de poder, que as supõem e as atualizam. Nesse sentido, o discurso ultrapassa a simples referência a "coisas", existe para além da mera utilização de letras, palavras e frases, não pode ser entendido como um fenômeno de mera "expressão" de algo: apresenta regularidades intrínsecas a si mesmo, através das quais é possível definir uma rede conceitual que lhe é própria. É a esse "mais" que o autor se refere, sugerindo que seja descrito e apanhado a partir do próprio discurso, até porque as regras de formação dos conceitos, segundo Foucault, não residem na mentalidade nem na consciência dos indivíduos; pelo contrário, elas estão no próprio discurso e se impõem a todos aqueles que falam ou tentam falar dentro de um determinado campo discursivo (Cf. FOUCAULT, 1986, p. 70).

O teórico Ernesto Laclau explicita muito bem esse conceito de discurso, pelo qual os atos de linguagem constituem uma trama que ultrapassa o meramente linguístico. Para ele, o discurso seria uma instância limítrofe com o social. "Porque cada ato social tem um *significado*, e é constituído na forma de sequências discursivas que articulam elementos linguísticos e extralinguísticos" (LACLAU, 1991, p. 137). Segue daí uma nova conceituação de objetividade (as práticas sociais se constituiriam discursivamente), bem como um modo novo de conceber as identidades sociais ou subjetivas, mergulhadas num relativismo bastante radical, dado por esse jogo permanente dos sentidos. Para Laclau, a sociedade seria assim entendida "como um vasto tecido argumentativo no qual a humanidade constrói sua própria realidade" (LACLAU, 1991, p. 146).

Afirmar que os discursos formam os objetos de que tratam ou, como Laclau, que não se pode falar em "realidade objetiva" sem entender que esta se constrói por dentro de uma trama discursiva, pode à primeira vista significar uma opção idealista, conforme mencionamos anteriormente. No entanto, além de o conjunto da obra de Foucault demonstrar o contrário dessa opção, pode-se dizer da "positividade" desse suposto radicalismo que o leva a quase afirmar a completa autonomia dos discursos: sua insistência em negar teorias totalizantes de explicação da realidade social, bem como de negar uma visão de "progresso" científico ou progresso da razão, de superioridade do presente em relação ao passado, faz com que Foucault "revolucione a história", como diz Paul Veyne. Ele se define como um historiador do presente, por se inquietar profundamente com o que nos sucede hoje, e se entrega a perscrutar a genealogia dos grandes temas constituintes do homem ocidental, através da descrição minuciosa de práticas sociais em sua descontinuidade histórica – mergulhadas em relações de poder, produzidas discursivamente e ao mesmo tempo produtoras de discursos e de saberes. Basicamente, tais temas dizem respeito à fixação em saber a verdade do sujeito, em constituir os sujeitos como o lugar da verdade, em construir para todos e cada um de nós discursos "verdadeiros".

O enunciado: uma função que "atravessa" a linguagem

"Chamaremos de discurso um conjunto de enunciados que se apoiem na mesma formação discursiva" (FOUCAULT, 1986, p. 135). Essa é uma das inúmeras definições de discurso, presentes na obra *A arqueologia do saber*; e, como todas as demais, não pode ser compreendida isoladamente. Tudo na obra do filósofo tem conexões que precisam ser explicitadas; caso contrário, permanece-se no reino das tautologias e das definições circulares. Tomarei como ponto de partida aqui a explicitação do conceito de enunciado, para chegar posteriormente à discussão dos conceitos de prática discursiva e não discursiva, formação discursiva e interdiscursividade, já que o conceito de enunciado parece ser o que sintetiza melhor a elaboração do autor sobre uma possível "teoria do discurso".

Em quase todas as formulações sobre discurso, Foucault refere-se ao enunciado. Discurso como "número limitado de enunciados para os quais podemos definir um conjunto de condições de existência", ou como "domínio geral de todos os enunciados", "grupo individualizável de enunciados", "prática regulamentada dando conta de um certo número de enunciados" – são algumas delas.[31] A ideia contida nas expressões "condições de existência", "domínio", "grupo individualizável" e "prática regulamentada", usadas nas definições acima, é básica para entendermos a definição de enunciado como uma "função de existência", a qual se exerce sobre unidades como a frase, a proposição ou o ato de linguagem. O enunciado em si não constituiria também uma unidade, pois ele se encontra na transversalidade de frases, proposições e atos de linguagem: ele é "sempre um acontecimento, que nem a língua nem o sentido podem esgotar inteiramente" (FOUCAULT, 1986, p. 32); trata-se de "uma função que cruza um domínio de estruturas e de unidades possíveis e que faz com que (estas) apareçam, com conteúdos concretos, no tempo e no espaço" (p. 99).

Não há enunciado que não esteja apoiado em um conjunto de signos, mas o que importa é o fato de essa "função" se caracterizar por quatro elementos básicos: um referente (ou seja, um princípio de diferenciação), um sujeito (no sentido de "posição" a ser ocupada), um campo associado (isto é, coexistir com outros enunciados) e uma materialidade específica – por tratar de coisas efetivamente ditas, escritas, gravadas em algum tipo de material, passíveis de repetição ou reprodução, ativadas através de técnicas, práticas e relações sociais (FOUCAULT, 1986, p. 133 e ss.). Um enunciado como este – "o professor é antes de tudo alguém que se doa, que ama as crianças, que acredita na sua nobre missão de ensinar" – certamente é feito de signos, de palavras. Mas, para Foucault, interessa a sua condição mesma de enunciado, em seus quatro elementos básicos: (1) a referência a algo que identificamos (o referente, no caso, a figura de mestre associada a doação e amor); (2) o fato de ter um sujeito, alguém que pode efetivamente afirmar aquilo (muitos professores e professoras ocupam o lugar de sujeito desse enunciado, e o interessante nesse caso seria, por exemplo, descrever quem são os indivíduos que ainda estão nessa condição; mesmo pessoas que não são professores, os "voluntários da educação", também se reconhecem nesse discurso, como tantas vezes vemos em reportagens de jornais e na televisão); (3) o fato de o enunciado não existir isolado, mas sempre em associação e correlação com outros enunciados, do mesmo discurso (no caso, o discurso pedagógico) ou de outros discursos (por exemplo, o discurso religioso, missionário, ou mesmo o discurso sobre a mulher, a maternidade, e assim por diante); (4) finalmente, a materialidade do enunciado, as formas muito concretas com que ele aparece, nas enunciações que aparecem em textos pedagógicos, em falas de professores, nas mais diferentes situações, em diferentes épocas (veja-se como a mídia se apropria desse discurso e o

---

[31] Como se pode ler nessa mesma obra, às páginas 90 e 135, respectivamente.

multiplica, em inúmeras reportagens sobre pessoas que voluntariamente passam a se dedicar ao trabalho de "educadores").

Descrever um enunciado, portanto, é dar conta dessas especificidades, é apreendê-lo como acontecimento, como algo que irrompe num certo tempo, num certo lugar. O que permitirá situar um emaranhado de enunciados numa certa organização é justamente o fato de eles pertencerem a uma certa formação discursiva.

Se, ao demarcar uma formação discursiva, revelamos algo dos enunciados, quando descrevemos enunciados, procedemos à individualização de uma formação discursiva. Portanto, como escreve Foucault, "a análise do enunciado e da formação discursiva são estabelecidas correlativamente", porque "a lei dos enunciados e o fato de pertencerem à formação discursiva constituem uma única e mesma coisa" (FOUCAULT, 1986, p. 135). Mas o que é uma formação discursiva? Por formação discursiva ou sistema de formação compreende-se

> [...] um feixe complexo de relações que funcionam como regra: ele prescreve o que deve ser correlacionado em uma prática discursiva, para que esta se refira a tal ou qual objeto, para que empregue tal ou qual enunciação, para que utilize tal conceito, para que organize tal ou qual estratégia. Definir em sua individualidade singular um sistema de formação é, assim, caracterizar um discurso ou um grupo de enunciados pela regularidade de uma prática (FOUCAULT, 1986, p. 82).

Quais os limites entre uma disciplina e o que Foucault define como formação discursiva? Segundo Maingueneau (1993), as formações discursivas devem ser vistas sempre dentro de um espaço discursivo ou de um campo discursivo. Ou seja, elas estão sempre em relação como determinados campos de saber. Assim, quando falamos em discurso publicitário, discurso econômico, discurso político, discurso feminista, discurso psiquiátrico, discurso médico ou pedagógico, estamos afirmando que cada um deles compreende um conjunto de enunciados, apoiados num determinado sistema de formação ou formação discursiva: da economia, da ciência política, da medicina, da pedagogia, da psiquiatria. Isso, porém, não significa definir essas formações como disciplinas ou como sistemas fechados em si mesmos.[32] No caso dos discursos feminista e publicitário, mesmo que não se possa falar na tradição de uma área específica, como ocorre nos outros

---

[32] Foucault deixa claro: a "arqueologia não descreve disciplinas. Estas, no máximo, em seu desdobramento manifesto, podem servir de isca para a descrição das positividades; mas não lhe fixam os limites: não lhe impõem recortes definitivos; não se encontram inalteradas no fim da análise; não se pode estabelecer relação biunívoca entre as disciplinas instituídas e as formações discursivas" (FOUCAULT, 1986, p. 202).

exemplos, pode-se dizer que seus enunciados têm força de "conjunto" e se situam como novos campos de saber, os quais tangenciam mais de uma formação. A formação discursiva deve ser vista, antes de qualquer coisa, como o "princípio de dispersão e de repartição" dos enunciados (Maingueneau, 1993, p. 124), segundo o qual se "sabe" o que pode e o que deve ser dito, dentro de um determinado campo e de acordo com uma certa posição que se ocupa nesse campo. Ela funcionaria como uma "matriz de sentido", e os falantes nela se reconheceriam, porque as significações ali lhes parecem óbvias, "naturais".

Considerando nossos atos ilocutórios – atos enunciativos, atos de fala –, podemos dizer que eles se inscrevem no interior de algumas formações discursivas e de acordo com um certo regime de verdade, o que significa que estamos sempre obedecendo a um conjunto de regras, dadas historicamente, e afirmando verdades de um tempo. As 'coisas ditas', portanto, são radicalmente amarradas às dinâmicas de poder e saber de seu tempo. Daí que o conceito de prática discursiva, para Foucault, não se confunde com a mera expressão de ideias, pensamentos ou formulação de frases. Exercer uma prática discursiva significa falar segundo determinadas regras e expor as relações que se dão dentro de um discurso. Quando a televisão, por exemplo, se apropria do discurso missionário do professor, fala e faz falar esse discurso, fala e faz falar um discurso segundo algumas de suas regras, que fixaram enunciados sobre a figura da professora-mãe-doadora. Para o autor, portanto, o conceito de prática discursiva vincula-se diretamente a "[...] um conjunto de regras anônimas, históricas, sempre determinadas no tempo e no espaço, que definiram, em uma dada época e para uma determinada área social, econômica, geográfica ou linguística, as condições de exercício da função enunciativa" (Foucault, 1986, p. 136).

Aqui se faz necessário ressaltar que o enunciado, diferentemente dos atos de fala e mesmo das palavras, frases ou proposições, não é imediatamente visível tampouco está inteiramente oculto. Pode ocorrer que uma frase ou um ato ilocutório sejam confundidos com certo enunciado, mas isso não quer dizer que "são" a mesma coisa. Assim, por exemplo, quando uma menina adolescente diz na televisão que só deixará de ser virgem quando encontrar "a pessoa certa", sua frase, em tal cena enunciativa, está investida de muito mais do que supõe uma simples coisa dita: ela põe em jogo um conjunto de elementos, referentes às "possibilidades" de aparecimento e delimitação daquele discurso. Enunciados dispersos como esse, extraídos e organizados a partir da análise de textos da mídia brasileira sobre o mundo adolescente, estão inscritos no dispositivo da sexualidade de nossa época, repartem-se segundo enunciados de determinadas formações discursivas – sobretudo as relacionadas aos campos da medicina, da psicologia e da publicidade – e polemizam com enunciados de tantos outros discursos, como o discurso feminista, construído, sobretudo, a partir da década de 1960. "Diz-se" um modo de existência sexual, "fala-se" um modo de ser mulher na juventude. "Deixar de ser virgem com a pessoa certa" é mais do que uma frase, é mais do que um desejo, é mais do que a promessa da menina diante das câmeras. Como descrever esse "mais", o enunciado e suas inúmeras relações, sem querer buscar algo que – quem sabe por uma maldade dos poderosos, por mecanismos de repressão e coação –, teria sido intencionalmente escondido? "Ora, por mais que o enunciado não seja oculto, nem por isso é visível; ele não se oferece à percepção como portador manifesto de seus limites e caracteres. É necessária uma certa conversão do olhar e da atitude para poder reconhecê-lo e considerá-lo em si mesmo" (FOUCAULT, 1986, p. 126).

Trata-se de um esforço de interrogar a linguagem – o que efetivamente foi dito – sem a intencionalidade de procurar referentes ou fazer interpretações reveladoras de verdades e sentidos reprimidos. Simplesmente perguntar de que modo a linguagem é produzida e o que determina a existência daquele enunciado singular e limitado. Deixar-se ficar nos espaços brancos, "sem interioridade nem promessa", como escreve Foucault. No caso do exemplo acima, trata-se de mapear os "ditos" sobre a sexualidade jovem, nas diferentes cenas enunciativas, multiplicando as relações aí sugeridas. Em vez de buscar explicações lineares de causa e efeito ou mesmo interpretações ideológicas simplistas, ambas reducionistas e harmonizadoras de uma realidade bem mais complexa, aceitar que a realidade se caracteriza antes de tudo por ser belicosa, atravessada por lutas em torno da imposição de sentidos (Cf. FOUCAULT, 1992a). Multiplicar relações significa situar as "coisas ditas" em campos discursivos, extrair delas alguns enunciados e colocá-los em relação a outros, do mesmo campo ou de campos distintos. É operar sobre os documentos, desde seu interior, ordenando e identificando elementos, construindo unidades arquitetônicas, fazendo-os verdadeiros "monumentos". É perguntar: por que isso é dito aqui, desse modo, nessa situação, e não em outro tempo e lugar, de forma diferente? É investigar sobre as posições necessárias ao falante, para que ele efetivamente possa ser sujeito daquele enunciado: por exemplo, "a pessoa certa" seria uma necessidade só de meninas – e de meninas virgens? Como elas são incitadas a emitir esse enunciado ou a nele se reconhecerem plenamente? Os adolescentes do sexo masculino também se fazem sujeito dessa frase? Multiplicar relações, por outro lado, é proceder a um levantamento da "memória" desse enunciado, acompanhá-lo como irrupção, como descontinuidade e como transformação. É tratar os enunciados na sua dispersão e na sua "pobreza", uma vez que poucas coisas são realmente ditas, nesse grande murmúrio anônimo do "ser da linguagem". É o "*Ça parle*" de Foucault, o "diz-se" que, segundo Deleuze, assume determinada dimensão conforme o *corpus* considerado.

> Estamos, então, capacitados a extrair – das palavras, frases e proposições – os enunciados, que não se confundem com elas. Os enunciados não são as palavras, frases ou proposições, mas formações que apenas se destacam de seus *corpus* quando os sujeitos da frase, os objetos da proposição, os significados das palavras *mudam de natureza*, tomando lugar no "diz-se", distribuindo-se, dispersando-se na espessura da linguagem (DELEUZE, 1991, p. 29).

Em que consiste a heterogeneidade discursiva?

Pluridiscursividade, heterogeneidade discursiva, interdiscurso são algumas palavras ou expressões que se referem basicamente à dispersão dos enunciados e, portanto, dos discursos; referem-se à ideia de que eles são, antes de mais nada, acontecimentos. O trabalho do pesquisador será constituir unidades a partir dessa dispersão, mostrar como determinados enunciados aparecem e como se distribuem no interior de um certo conjunto, sabendo, em primeiro lugar, que a unidade não é dada pelo objeto de análise. Na pesquisa sobre mídia e adolescência, aqui referida, identifico que o elemento unificador dos discursos não é o objeto 'adolescência'; pelo contrário, percebo que um modo de ser adolescente foi construído pelo que se disse da adolescência, através de um conjunto de formulações bem datadas e localizadas; sendo assim, vou me ater a documentos produzidos pelos meios de comunicação e, a partir deles, criar alguns "conjuntos arquitetônicos" – considerando que se constitui em nossos tempos um campo denominado, na falta de um vocabulário mais preciso, "discurso midiático", no qual o corpo jovem, especialmente o corpo da mulher jovem, adquire visível centralidade.

Construir unidades, porém, longe de significar uma operação de simplificação e assepsia de enunciados desorganizados, contaminados e por demais vivos, é um trabalho, como já dissemos, de multiplicação dessa realidade da coisa dita que, segundo Foucault, existe em sua "pobreza", como situação estreita e singular, que se torna sempre outra, pelo simples fato de alguma vez ter sido falada. Diria, num esforço de síntese, que o discurso, para o analista, é o lugar da multiplicação dos discursos, bem como o lugar da multiplicação dos sujeitos. É dessa dupla multiplicação que trataremos nos dois tópicos a seguir.

Sobre o sujeito dos discursos

> A teoria do discurso está intimamente ligada à questão da constituição do sujeito social. Se o social é significado, os indivíduos envolvidos no processo de significação também o são e isto resulta em uma consideração

> fundamental: os sujeitos sociais não são causas, não são origem do discurso, mas são efeitos discursivos (PINTO, 1988, p. 25).
>
> Descrever uma formulação enquanto enunciado não consiste em analisar as relações entre o autor e o que ele disse (ou quis dizer, ou disse sem querer); mas em determinar qual é a posição que pode e deve ocupar todo indivíduo para ser seu sujeito (FOUCAULT, 1986, p. 109).

Ao analisar um discurso – mesmo que o documento considerado seja a reprodução de um simples ato de fala individual –, não estamos diante da manifestação de *um* sujeito, mas nos defrontamos com um lugar de sua dispersão e de sua descontinuidade, já que o sujeito da linguagem não é um sujeito em si, idealizado, essencial, origem inarredável do sentido: ele é ao mesmo tempo falante e falado, porque através dele outros ditos se dizem. Esse caráter contraditório do sujeito rompe com uma tradição, cara não somente ao idealismo de algumas teorias da linguagem, como a desenvolvida por Benveniste, mas ainda àquelas concepções segundo as quais o *eu* seria absolutamente determinado de fora, dominado por um Outro que o constitui. Essa bipolaridade, como sabemos, dominou durante muito tempo as ciências humanas e dela se encontram vestígios até hoje em alguns discursos, como o da pedagogia, da sociologia e especialmente da militância política. O homem "sujeito da própria história", capaz de transformar o mundo a partir da tomada de consciência, reúne essas duas concepções: tudo se passaria como se, percebendo a dominação, a força do outro, o sujeito pudesse lutar e chegar, talvez um dia, à condição paradisíaca (e originária) de sujeito uno, pleno de poder.

Bem distinta dessa formulação e fundada principalmente na ideia do conflito, da pluralidade de vozes que se enfrentam nos textos, é a concepção pela qual se introduz a presença do Outro no discurso. Mesmo que inicialmente ela tenha privilegiado certo determinismo, de fora para dentro, na verdade postula algo que, depois de Marx, não nos atrevemos a questionar: o homem é inconcebível fora das relações sociais que o constituem. Quando a filosofia da linguagem, de inspiração marxista, fez a tradução desse postulado, de modo especial com Bakhtin, que outros conceitos trouxe? Basicamente, uma teoria da polifonia, do diálogo, na qual está compreendido que há inúmeras vozes falando num mesmo discurso, seja porque o destinatário está ali também presente, seja porque aquele discurso está referido a muitos outros. Esse duplo cruzamento constituiria, então, a polifonia discursiva. Certamente essa descentração do sujeito, implícita na teoria marxista, pertence à mesma episteme[33] dentro da qual se

---

[33] Entendo esse conceito como Foucault o formulou em *A arqueologia do poder*: como o conjunto das relações que permitem "compreender o jogo das coações e das limitações que, em um momento determinado, se impõem ao discurso" (FOUCAULT, 1986, p. 217).

desenvolveu a psicanálise: o discurso do sujeito, para Freud, estaria sempre marcado pelo seu avesso, no caso, o inconsciente. Dividido, quebrado, descentrado, o sujeito se definiria por um inevitável embate com o outro que o habita. E, permanentemente, viveria a busca ilusória de tornar-se *um*. A linguagem seria a manifestação dessa busca, lugar em que o homem imagina constituir e expor sua própria unidade.

Ao contemplar a tensão entre o Eu e o Outro, no interior dos discursos, Foucault traça um caminho bem diferente para a compreensão do sujeito: afasta-se desse espaço em que se relacionam sujeitos individuais e invade o espaço de uma relação mais ampla, baseada na noção de dispersão do sujeito. A heterogeneidade discursiva está diretamente ligada a essa dispersão, já que nos discursos sempre se fala de algum lugar, o qual não permanece idêntico: falo e, ao mesmo tempo, sou falado; enuncio individualmente, de forma concreta, constituindo-me provisoriamente *um*, ambicionando jamais cindir-me, porém a cada fala minha posiciono-me distintamente, porque estou falando ora de um lugar, ora de outro, e nesses lugares há interditos, lutas, modos de existir, dentro dos quais me situo, deixando-me ser falado e, ao mesmo tempo, afirmando de alguma forma minha integridade. Aliás, sem essa afirmação, meu texto se perderia na desordem e na ausência de fronteiras.

Foucault multiplica o sujeito. A pergunta "quem fala?" desdobra-se em muitas outras: qual o *status* do enunciador, qual a sua competência, em que campo de saber se insere, qual seu lugar institucional, como seu papel se constitui juridicamente, como se relaciona hierarquicamente com outros poderes além do seu, como é realizada sua relação com outros indivíduos no espaço ocupado por ele. Também cabe indagar sobre o "lugar de onde fala", o lugar específico no interior de uma dada instituição, a fonte do discurso daquele falante; e sobre a sua efetiva "posição de sujeito" – suas ações concretas, basicamente como sujeito incitador e produtor de saberes. É assim que se destrói a ideia de discurso como "expressão" de algo, tradução de alguma coisa que estaria em outro lugar, talvez em um sujeito, algo que preexiste à própria palavra.

Imagino que os sujeitos adolescentes que falam ou são falados na mídia se dispersam de inúmeras formas: de uma maneira geral, sua multiplicação se faz através das diversas modalidades enunciativas do discurso da televisão, das revistas e dos jornais. Cartas, depoimentos, testes, questionários, entrevistas, crônicas, reportagens, fotos, textos de ficção – gravados em páginas impressas ou em fitas magnéticas de vídeo e reproduzidos para veiculação massiva – constituem uma base material sobre a qual e a partir da qual se dispersam inúmeras "adolescências": de um lado, meninas quase anônimas que perguntam sobre o incompreensível mundo do sexo, meninas-modelos que revelam o dia a dia exercitado e controlado da manutenção de um corpo esguio, astros precoces do espetáculo biografados na limitada trajetória de suas vidas, meninos que respondem a entrevistas sobre a namorada ideal, meninas trabalhadoras desde a infância que deixam registrados seus sonhos em reportagens "sociais", adolescentes de ambos os sexos, marginais do tráfico de drogas, do roubo e do assassinato; de outro, o coro das vozes adultas que, afinadas ou dissonantes, são também sujeitos de um discurso da adolescência, por indagá-la, ouvi-la, fazê-la falar e a ela devolver um discurso em geral normalizador e sempre constitutivo – o coro dos locutores, apresentadores de TV, colunistas de jornais e revistas, sexólogos, médicos, psiquiatras e psicólogos, os peritos da saúde física e mental, os especialistas do amor e da beleza.

"Fala-se" uma adolescência de diferentes maneiras, e há discursos que não podem ser assinados por todos igualmente: o depoimento da atriz e modelo de sucesso, sobre sua gravidez precoce, reveste-se de uma permissividade que é negada à menina de subúrbio – cuja voz é captada pela reportagem especial do grande diário –, e a quem se dirige o discurso do demógrafo, da socióloga e da psicóloga, atentos ao controle da sexualidade e da reprodução humana nas camadas populares. Da mesma forma, há uma espécie de lei de "propriedade dos discursos": só alguns têm o direito de falar com autoridade sobre a sexualidade dos adolescentes; não são todos que têm competência para compreender os enunciados médicos, por exemplo, nas respostas às cartas dos leitores de jornais e revistas; um restrito grupo tem capacidade para investir o discurso do aperfeiçoamento do corpo em práticas correspondentes. Mas, como veremos mais adiante, se estamos ocupados com os discursos produzidos e veiculados pelos meios de comunicação, temos um problema específico a tratar: independentemente do entendimento imediato dos textos por segmentos do público, independentemente da maior ou menor decodificação de frases ou imagens, o mais importante é compreender esses discursos no limite de seus efeitos, os quais poderão se relacionar inclusive ao "respeito", por exemplo, em relação ao especialista, produzido sobre o espectador que não entendeu certa formulação. A ideia inicial do sujeito como "efeito discursivo" reafirma-se aqui, uma vez mais.

Diversas posições e formas de subjetividade, portanto, podem ser lidas como efeitos de um campo enunciativo, a partir apenas do critério das modalidades, como referimos, desde que se descrevam as regularidades, as frequências, a distribuição dos elementos, em torno da pergunta sobre esse "lugar vazio" dos discursos, que é o sujeito dos enunciados.

> O discurso, assim concebido, não é a manifestação, majestosamente desenvolvida, de um sujeito que pensa, que conhece, e que o diz: é, ao contrário,

um conjunto em que podem ser determinadas a dispersão do sujeito e sua descontinuidade em relação a si mesmo. É um espaço de exterioridade em que se desenvolve uma rede de lugares distintos (FOUCAULT, 1986, p. 61-62).

Cruzamento de identidades e diferenças: o interdiscurso

Espaço de dissensões e oposições múltiplas, a formação discursiva se faz de asperezas e estridências, mais do que de harmonias e superfícies lisas. Inteiramente vivo, o campo enunciativo acolhe novidades e imitações, blocos homogêneos de enunciados bem como conjuntos díspares, mudanças e continuidades. Tudo nele se cruza, estabelece relações, promove interdependências. O que é dissonante é também produtivo, o que semeia a dúvida é também positividade crítica. Mero jogo de palavras? Talvez não. Quando Foucault diz que os enunciados são povoados, em suas margens, de tantos outros enunciados, afirma a ação do interdiscurso, da complementaridade e da luta dos diferentes campos de poder-saber; afirma a importância da análise arqueológica, segundo a qual se despreza a solenidade da ciência, para privilegiar textos e gestos nem tão inéditos assim, enunciados miméticos, banais e discretos, ao lado das grandes e luminosas originalidades.

Talvez um das operações mais ricas e fundamentais, sugerida por Foucault para a análise dos enunciados, seja a de complexificá-los no sentido de indagar a respeito de seus "espaços colaterais". Em que consiste essa operação? Tomando outra vez o exemplo da virgindade e da "pessoa certa", poderíamos dizer que o enunciado aí considerado se situa em relação a uma constelação de formulações. Esse enunciado se inscreve, por exemplo, no interior das modalidades enunciativas dos diferentes meios de comunicação (a *Novela das oito* ou as cartas à sexóloga do jornal, entre tantas outras) – ou seja, diferencia-se conforme o meio e conforme a modalidade enunciativa; também se situa entre os enunciados sobre comportamento sexual jovem, produzidos e em circulação entre campos como o da psicologia, da medicina e da educação sexual; tem uma positividade específica, na medida de sua repercussão, de seu alcance, das possibilidades de aceitação ou questionamento – a afirmação da opção pela virgindade, num programa de TV ao vivo, tem consequências quase imediatas; finalmente, é marcado também pelo conjunto de formulações que lhe conferem algum *status*, seja porque tem respaldo "científico", seja porque a posição do sujeito enunciativo assim o constitui. Tudo isso "povoa" o enunciado e deve ser descrito, justamente porque

> [não há] enunciado livre, neutro e independente; mas sempre um enunciado fazendo parte de uma série ou de um conjunto, desempenhando um papel

no meio dos outros, neles se apoiando e deles se distinguindo: ele se integra sempre em um jogo enunciativo, onde tem sua participação, por ligeira e ínfima que seja. [...] Não há enunciado que não suponha outros; não há nenhum que não tenha, em torno de si, um campo de coexistências (FOUCAULT, 1986, p. 114).

Buscar a configuração interdiscursiva, portanto, não remete àquela tentativa de tudo explicar, de dar conta do amplo sistema de pensamento de uma época. Longe disso, remete a um rico e duro trabalho de multiplicação dos discursos ou, simplesmente, de complexificação do conhecimento. Segundo Foucault, cada formação discursiva entra simultaneamente em diversos campos de relações, e em cada lugar a posição que ocupa é diferente, dependendo do jogo de poderes em questão. Guardadas as proporções, é o mesmo movimento das posições do sujeito discursivo, como vimos acima. Adentrar esse "emaranhado de interpositividades" é a proposta que o filósofo e pesquisador nos faz, no sentido de, através de uma análise comparativa, repartirmos em figuras diferentes a diversidade dos enunciados e dos discursos (Cf. FOUCAULT, 1986, p. 183).

Em outras palavras, considerar a interdiscursividade significa deixar que aflorem as contradições, as diferenças, inclusive os apagamentos, os esquecimentos; enfim, significa deixar aflorar a heterogeneidade que subjaz a todo discurso. Maingueneau (1993) chega a radicalizar: para a Análise do Discurso, segundo ele, haveria quase um primado do interdiscurso sobre o discurso, já que a unidade a ser analisada consistiria exatamente num espaço de trocas entre vários discursos. Penso que, ao assumir também esse ponto de vista como básico nas investigações sobre mídia e educação – aqui usadas para exemplificar a teoria do discurso em Foucault –, tenho condições de apanhar mais consistentemente os discursos sobre os quais me debruço, até porque investigo materiais bastante ricos no que se refere às lutas entre os vários campos – lutas que tomam forma em uma infinidade de produtos como seriados de TV, entrevistas, reportagens, documentários, *clips*, debates ao vivo, cartas, peças publicitárias.

Ora, a mídia, ao mesmo tempo que é um lugar de onde várias instituições e sujeitos falam – como veículo de divulgação e circulação dos discursos considerados "verdadeiros" em nossa sociedade – também se impõe como criadora de um discurso próprio. Porém, pode-se dizer que, nela, talvez mais do que em outros campos, a marca da heterogeneidade, além de ser bastante acentuada, é quase definidora da formação discursiva em que se insere. Poderíamos dizer que hoje praticamente todos os discursos sofrem uma mediação ou um reprocessamento através dos meios de comunicação. Basta lembrar o discurso político na época de eleições: nenhum candidato, nenhum partido prescinde, em nossos dias, do complexo mundo da imagem, do *marketing*, da necessidade de ser notícia. Isso é válido para outros tantos campos: o médico, o religioso, e assim por diante, sem falar daqueles que praticamente "vivem" dos *media* – a moda e a música, por exemplo. Está em jogo nessa pluridiscursividade do social a luta pela imposição de sentido, a luta entre vários discursos, na conquista de novos sujeitos. Um dos campos que mais explicitamente expõe a luta entre discursos é o da publicidade; e é nele que se torna bem visível a importância da multiplicação tanto de sujeitos quanto de discursos. Na busca permanente da adesão de novos sujeitos, o discurso publicitário reprocessa enunciados de fontes variadas; porém, como os indivíduos podem ser sujeitos de vários discursos, produz-se a fragilidade de cada um desses campos, considerados isoladamente. Daí a "necessidade da luta interpelatória constante" (PINTO, 1989, p. 38).[34]

Se dentro da mesma formação coexistem enunciações heterogêneas – como vemos ocorrer com o discurso psiquiátrico, no exemplo dado por Foucault em *História da loucura* –, imagine-se então no discurso da mídia, que não se fundamenta em apenas uma disciplina, mas em várias (ligadas ao jornalismo, à publicidade, às artes plásticas, ao cinema, às tecnologias de informação, à teoria da comunicação e assim por diante). Mais ainda se multiplicam nela os discursos, as criações, recriações, transformações, analogias e adaptações de enunciados distintos, em direção a um novo discurso com características próprias. Eu diria que atingimos um tempo em que cada vez mais essa discursividade toma corpo, define-se, impõe-se como básica ao funcionamento geral da sociedade contemporânea. Talvez o que esteja faltando é descrever os limites, a configuração desse discurso, suas regularidades, que hoje se mostram bem mais visíveis.

Imagino que as reflexões geradas pela análise que nos propomos a fazer ampliem a compreensão não só de como funciona o campo específico dos meios de comunicação, mas de como se operam, no nível dos enunciados, as inter-relações discursivas. Vejamos. O espaço discursivo[35] por mim delimitado na pesquisa em questão – genericamente, o que a mídia "fala"

---

[34] Na primeira parte do livro *Com a Palavra o Senhor Presidente José Sarney*, Céli Regina Jardim Pinto apresenta o conceito de discurso articuladamente às questões do poder e da constituição de sujeitos sociais, desenvolvendo reflexões fundamentais para este trabalho, particularmente no que se refere a uma compreensão mais ampla da discursividade da mídia e da publicidade na produção de subjetividades (PINTO, 1989).

[35] Meu recorte, cabe referir aqui, é feito segundo a classificação proposta por Maingueneau, quanto à amplitude dos conjuntos discursivos: o autor distingue *universo discursivo* – correspondente a todas as formulações discursivas que circulam numa dada conjuntura; *campo discursivo* – o grupo das formações discursivas em luta; e *espaço discursivo* – o subconjunto de um determinado *campo discursivo*, onde é possível registrar presença de pelo menos duas formações, cujo embate é fundamental para a eficácia (e compreensão) dos discursos considerados (MAINGUENEAU, 1993, p. 116-117).

sobre adolescência –, foi selecionado do interior do campo discursivo dos meios de comunicação social, e se faz para atingir um objetivo central: descrever os enunciados que nossa sociedade, nestes últimos anos, tem construído sobre a adolescência. Suponho, aqui, que haveria uma espécie de fusão entre os valores entronizados pela mídia (o sucesso individual, um certo tipo de beleza física, um modo de vida baseado na cultura do corpo e no consumo permanente de bens materiais, entre tantos outros) e aqueles pelos quais se passa a definir o que seria um adolescente "ideal" para a classe média. Ou seja, seria possível dizer que há uma importante intersecção entre mídia e adolescência. Mas o mais importante a destacar é que, sendo cada discurso remetido por si mesmo a tantos outros, pode-se dizer nesse caso que os discursos incorporados pela mídia, a partir de outros campos – mormente da medicina, da pedagogia, da psicologia, da psicanálise –, também eles, ao entrarem na cena midiática, ao tomarem forma dentro desse campo específico da comunicação social, sofrem um tratamento que os retira de seu *habitat* e que, ao mesmo tempo, reforça a autoridade própria de cada um, pela importância que têm numa determinada formação social. Finalmente, caberia ainda dizer que o próprio recorte feito pelo pesquisador é também um "fato de discurso"; e, como tal, introduz mais um dado que amplia e dinamiza o que por definição é já heterogêneo.

O tratamento segundo o qual os discursos são transformados e incorporados, não deve ser visto de modo compacto, como se estivéssemos em busca de uma totalidade bem acabada, definidora de uma dada discursividade; pelo contrário, é preciso considerar os diferentes momentos de enunciação e analisá-los criticamente enquanto objetos vivos, pois haveria uma real impossibilidade de separar a interação dos discursos (interdiscursividade) do funcionamento intradiscursivo (isto é, a dinâmica dos enunciados dentro da mesma formação), o que, segundo Maingueneau (1993), está diretamente relacionado ao caráter de diálogo, permanentemente vivo em qualquer enunciado.[36]

A temporalidade dos enunciados

Foucault é um dos pensadores que mais soube tratar teoria e prática sem colocá-las em campos separados. E ele o faz duplamente: de um lado,

---

[36] Aliás, cabe aqui salientar que a Análise do Discurso confere a *diálogo* um sentido mais amplo do que aquele comumente atribuído a essa palavra. Tal sentido, referido pela primeira vez na obra de Bakhtin, como vimos anteriormente, leva a considerar que, do ponto de vista discursivo, "não há enunciado desprovido da dimensão dialógica, pois qualquer enunciado sobre um objeto se relaciona com enunciados anteriores produzidos sobre este objeto. Assim, todo discurso é fundamentalmente dialógico" (BRANDÃO, 1993, p. 89).

talvez por uma necessidade vital, afirma a precariedade do seu próprio discurso, vive-o como processo, como possibilidade de transformação, como desejo de se distanciar de si mesmo e empreender um esforço de pensar diferente do que pensa; de outro, no tratamento dos dados e no trabalho sobre os documentos, Foucault "aplica" esse mesmo modelo, mostrando que há antes "possibilidades de discursos" e que os enunciados são sempre históricos, não só em relação às suas condições de emergência como às funções por ele exercidas no interior de práticas não discursivas.

"O discurso não tem apenas um sentido ou uma verdade, mas uma história", escreve Foucault (1986, p. 146). Ora, dizer que o discurso é, sobretudo, histórico implica necessariamente falar na relação entre o discursivo e o não discursivo, na impossibilidade de separar o lado de dentro do lado de fora dos enunciados, significa falar na "economia" dos discursos – em sua produtividade visível –, enfim, na relação entre pensamento e vida, poder e saber, continuidade e descontinuidade da história, temas tão caros ao autor de *As palavras e as coisas*. Vejamos uma das definições de discurso em que Foucault consegue reunir todos os elementos aqui referidos, principalmente a intrincada relação entre teoria e prática, discurso e poder, enunciado e história – assuntos deste artigo. Numa das brilhantes passagens de *A arqueologia do saber*, o autor situa discurso como

> [...] um bem – finito, limitado, desejável, útil – que tem suas regras de aparecimento e também suas condições de apropriação e de utilização; um bem que coloca, por conseguinte, desde sua existência (e não simplesmente em suas 'aplicações práticas') a questão do poder; um bem que é, por natureza, o objeto de uma luta, e de uma luta política (FOUCAULT, 1986, p. 139).

Mais uma vez, é preciso que se diga: Foucault escreve essa definição de discurso baseado num anterior e meticuloso trabalho de pesquisa; o que aí está dito ele o demonstrou em cada página de sua vasta obra. Em *A história da loucura* (FOUCAULT, 1995a), por exemplo, a análise do discurso do século XVIII sobre a loucura lhe permitiu assinalar a descontinuidade entre a época clássica e a modernidade: ele descobriu a grande ruptura que então se estabeleceu, referida não só ao discursivo (o conhecimento sistemático sobre a loucura) como ao não discursivo (as práticas médicas correspondentes). Através da análise de inúmeros documentos, Foucault descreve as transformações do discurso sobre a loucura, a emergência de um conceito como "doença mental"– inexistente até antes da Revolução Francesa – e a relação entre uma série de práticas ligadas ao enclausuramento do louco e à instauração de uma nova ordem social. Descobre, enfim, como diz Roberto Machado,[37] "uma crescente subordinação da loucura à razão", isto é, sua total dependência em relação à ciência médica. Pelas práticas psiquiátricas, a loucura é medicalizada e passa a penetrar a intimidade da alma humana. É a loucura tutelada pela razão. É a ciência "corrigindo" a vida, nesse longo e interminável processo de racionalização que nos constitui como "homem ocidental" na modernidade. Foucault nos ensina aí, com Canguilhem, Bachelard, Koyré, que "ciência é relação", e que é necessário estar atento às rupturas operadas nos discursos e nas práticas; com Nietzsche, mostra como não é preciso partir das grandes verdades científicas para fazer história, e como é preciso questionar o conhecimento que cada vez mais tenta se apoderar do âmago das vidas e do real. Tudo isso em nome de quê? Da saudação da beleza trágica da vida.

Nessa síntese de *História da loucura*, tentamos reunir o máximo de elementos de um projeto, ao mesmo tempo teórico e prático, intelectual e existencial, para exemplificar a questão da temporalidade na análise dos discursos. Essa temporalidade, como se vê, precisa ser entendida para além da ideia de que os discursos sempre são ditos num determinado tempo e num determinado lugar; para mergulhar nela, é preciso vê-la através dos documentos escolhidos, das práticas a que os textos se referem, da formação social em questão, da trajetória dos conceitos envolvidos e ainda do próprio posicionamento do pesquisador. Para Foucault, a análise arqueológica deve principalmente dar conta de como se instaura um certo discurso, quais suas condições de emergência ou suas condições de produção. E é nesse sentido que uma tal análise deverá fazer aparecer os chamados "domínios não discursivos" a que os enunciados remetem e nos quais eles de certa forma "vivem" – as instituições, os acontecimentos políticos, os processos econômicos e culturais, toda a sorte de práticas aí implicadas. Tais domínios, porém, não podem ser vistos como "expressão" de um discurso, nem como seus determinantes, mas como algo "que faz parte de suas condições de emergência" (FOUCAULT, 1986, p. 187).

Que isso quer dizer? Em primeiro lugar, que nessa relação tão estreita entre discurso e práticas não discursivas, há mútua implicação, jamais linearidade explicativa. Se hoje se produz toda uma discursividade, por exemplo, sobre a "juventude da mulher de 40 anos", isso não só remete ao fato de

---

[37] Os comentários deste parágrafo sobre a obra *História da loucura* sintetizam algumas das idéias desenvolvidas por Roberto Machado na palestra "Foucault e a crítica nietzschiana do humanismo", proferida no seminário "Foucault: um pensador no coração do presente", realizado em Pelotas (RS), em novembro de 1995, pelos Cursos de Pós-Graduação em Educação da UFRGS – através do então Núcleo de Estudos sobre Subjetividade, Poder e Educação (NESPE) – e da Universidade Federal de Pelotas (UFPEL).

que ocorre uma transformação do discurso feminista da década de 1960, como deve nos levar a ver como esse discurso está articulado a estratégias de poder, as quais se voltam para o corpo da mulher e multiplicam técnicas e procedimentos disciplinares, devidamente validados pela suposição de um atingível padrão de vida e beleza. Tal discurso certamente não existe sem as revistas, sem a televisão, sem a publicidade; também não existe sem as academias de ginástica, a indústria da moda; e está relacionado às lutas das mulheres em torno de uma série de conquistas: descriminalização do aborto, exercício de funções públicas e políticas, e assim por diante. Ou seja, nessa relação necessária entre o discursivo e o não discursivo, o fato de algumas instâncias serem vistas didaticamente como "suportes" de enunciados – porque a mulher deve ser bela e jovem, criam-se academias ou especialidades médicas e, através delas, o projeto se realizaria – precisa ser compreendido de modo mais complexo: o discurso, ele mesmo, está em constante transformação por "exercitar-se" nesses espaços todos; e tais lugares, por sua vez, não são sempre os mesmos, desde que os sujeitos e as instituições se reconhecem nesse discurso.

Uma prática discursiva, segundo Foucault, "toma corpo em técnicas e efeitos" (FOUCAULT, 1986, p. 220). E como se trata de uma via de mão dupla, pode-se dizer que as técnicas, as práticas e as relações sociais, em que estão investidos os enunciados, se constituem ou mesmo se modificam exatamente através da ação desses mesmos enunciados. Com isso, Foucault quer dizer que "as coisas não têm o mesmo modo de existência, o mesmo sistema de relações com o que as cerca, os mesmos esquemas de uso, as mesmas possibilidade de transformação depois de terem sido ditas" (FOUCAULT, 1986, p. 143). Não sendo as mesmas depois de ditas, as coisas têm uma existência precária, escorregadia, uma dispersividade que o arqueologista só poderá captar no momento em que se dispuser a descrever o conjunto das relações postas em jogo num determinado discurso. Ele não vai encontrar, "por baixo" dos textos, uma vida que fervilha, a vida "ainda não capturada": vai se deter na construção de um feixe de relações, no desenho que articula enunciados e práticas, enunciados e técnicas, sobre um dado objeto; o mapa certamente apontará para regiões exteriores, para lugares maiores de "aplicação" de um discurso (as instituições, por exemplo). Todas essas relações, porém, como lembra Foucault, "por mais que se esforcem para não serem a própria trama do texto, não são, por natureza, estranhas ao discurso" (FOUCAULT, 1986, p. 84). Em outras palavras, as práticas não discursivas são também parte do discurso, na medida em que identificam tipos e níveis de discurso, definindo regras que ele de algum modo atualiza.

Eu acrescentaria aqui outra ideia para a compreensão desse cruzamento e dessa interdependência entre práticas discursivas e não discursivas: ela diz respeito também à positividade dos discursos na história dos corpos. O que fomos e o que somos, o que foram e o que disseram nossos ancestrais, tudo isso marca nossos corpos, penetra-os e os produz, para o bem ou para o mal. Herdeiro de Nietzsche, Foucault ensina um modo de fazer história, fundamentalmente ocupado com uma genealogia que se volta para a observação dos corpos, para a apreensão das descontinuidades enquanto coisas vividas e inscritas nesse lugar único e irredutível dos indivíduos. Se os acontecimentos são apenas marcados pela linguagem e dissolvidos pelas ideias, há um lugar em que definitivamente se inscrevem: a superfície dos corpos. Assim, quando o arqueologista ressalta a dinâmica dos lados de dentro e de fora dos discursos, de certa forma está afirmando sua vocação de genealogista: para ele, os sujeitos são efeitos de discursos, e esses efeitos – produzidos no interior de inúmeras e bem concretas relações institucionais, sociais e econômicas – não existem senão nos corpos:

> [...] sobre o corpo se encontra o estigma dos acontecimentos passados do mesmo modo que dele nascem os desejos, os desfalecimentos e os erros; nele também eles se atam e de repente se exprimem, mas nele também eles se desatam, entram em luta, se apagam uns aos outros e continuam seu insuperável conflito (FOUCAULT, 1992a, p. 22).

Mas tornemos esse raciocínio mais complexo, voltando a discutir a importância dada por Foucault ao que ele chamou de "práticas", sejam elas discursivas ou não discursivas. Na entrevista a Dreyfus e Rabinow – publicada sob o título "*À propos de la généalogie de l'éthique: un aperçu du travail en cours*"[38] –, Foucault, discorrendo sobre a milenar prática da "*littérature du moi*" ("escrita de si"), mais uma vez distingue discurso e sistemas simbólicos, admitindo que estes, obviamente, sejam também ativos na produção do sujeito. Porém, mais uma vez afirma: embora seja verdade que o sujeito é constituído simbolicamente, ele é, sobretudo, constituído por práticas reais, historicamente analisáveis. Há toda uma tecnologia de produção do sujeito que atravessa, perturba e até desestabiliza os sistemas simbólicos, ao mesmo tempo que deles se serve (FOUCAULT, 1984a, p. 344). Importa, portanto, deter-se sobre essas práticas – discursivas e não discursivas –, para compreender a rede diferenciada de poderes e saberes que nos produzem. Tomemos novamente o exemplo do discurso sobre a "jovem mulher de 40": ele não deverá ser analisado nem como "expressão de uma conjuntura" nem idealmente como criação simbólica a ser interpretada como tal. Associada a uma série de conquistas sociais, essa

---

[38] Na tradução desse livro, o título da entrevista é "Sobre a genealogia da ética: uma revisão do trabalho". In: DREYFUS, Hubert; RABINOW, Paul. *Michel Foucault* – uma trajetória filosófica. Para além do estruturalismo e da hermenêutica. Rio de Janeiro: Forense, 1995 (p. 253-278).

proliferação de textos sobre a mulher – convidada a ultrapassar a antiga posição romântica, a falar, em canal aberto, de seus desejos sexuais e seu prazer, e a buscar uma maturidade cheia de beleza e atrativos – deve ser analisada a partir das práticas a que esse discurso está associado; tais práticas, por sua vez, expõem uma série de lutas que aí estão em jogo, a começar pela luta básica relativa ao confronto de homens e mulheres, e se tornam visíveis na superfície dos corpos femininos. Sabendo-se que vários campos, como o da moda, da medicina estética, ginecológica e endocrinológica, e da psicologia, entre tantos outros, disputam a hegemonia de uma discursividade sobre essa mulher, trata-se de desenhar as margens dos enunciados aí produzidos e fazer aparecerem as diferenças, as congruências e as comunicações, ocupando-se principalmente em descrever as práticas efetivas a que eles fazem referência – práticas que conformam cotidianos, definem projetos de vida, moldam, transformam e desenham os corpos. Se a mulher fala e é falada, é porque, como os "homens infames" de que nos fala Foucault, ela de algum modo se confronta com o poder. Não um poder que somente cerceia, desmantela, vigia, surpreende ou proíbe; mas um poder que suscita, incita e produz; um poder que "não é apenas olho e ouvido", mas que sobretudo "faz agir e falar", como diz o filósofo (FOUCAULT, 1992b, p. 123).

O que está em jogo no método arqueológico, quando se fala na íntima e necessária relação entre o discursivo e o não discursivo, é que ele se concentra sobre o domínio de coisas efetivamente ditas ou escritas, importando descrever justamente de que modo elas se inscrevem no interior das formações discursivas, isto é, no sistema relativamente autônomo dos atos do discurso, onde são produzidas essas "coisas ditas" (Cf. DREYFUS; RABINOW, 1984, p. 78). Esse "modo" diz respeito a um processo permanente de transformação do sistema de relações em que os textos analisados estão envolvidos. Como já se disse, os enunciados, depois de ditos, depois de instaurados numa determinada formação, sofrem sempre novos usos, tornam-se outros, exatamente porque eles constituem e modificam as próprias relações sociais. Descrevendo, portanto, esse universo de "diferenças", damos conta da formação e da transformação dos discursos, que é o objetivo principal da análise.

Mas por onde começar? O ponto de partida talvez seja a atenção ao presente, a atenção a um "diz-se", ao "*ça parle*" de um determinado campo de saber, aos "murmúrios" de nossa época, para só então definir um *corpus* que permita apanhar a história de um determinado objeto. Se essa atenção me conduziu a investigar a evidente centralidade da figura adolescente nos textos da mídia, em nossa época, tinha por sabido que esse discurso, como qualquer outro, tem também uma história. Sabia, por exemplo, que foi a partir do início do século XX que se começou a falar de "adolescente" como classe de idade, fase de transição entre a infância e a idade adulta. Mas que enunciados foram registrados sobre essa categoria – "adolescência" –, desde que foi criada? De que posições e de que lugares se falava nos adolescentes, nas primeiras décadas do século XX? Quais os momentos de transformação do discurso que se ocupa do jovem, desde esse tempo até nossos dias? Que dizem os textos deste final de século, tão ocupado com a adolescência? Que rupturas instauram? Que efeitos esse discurso vem operando sobre os corpos, especialmente nos nossos dias, em que não só os adolescentes mas amplas faixas da população aceitam submeter-se ao discurso da "eterna juventude", como se o envelhecimento e a morte já não fossem "fatos da vida" mas processos totalmente controláveis e até mesmo indesejáveis?

Baseado nos estudos de Canguilhem, Foucault ensina que os conceitos sofrem constantes deslocamentos e transformações, e que a trajetória de um conceito é na verdade a história de seus diversos campos de constituição e de validade, das sucessivas regras de uso nos diferentes meios teóricos em que ele foi elaborado. Desse ponto de vista, não haveria nem conceitos nem categorias "essenciais" ou ideais – quais portos de ancoragem, lugares de repouso para o pesquisador. E, sim, descontinuidades, que nos compelem a ver e pensar a diferença, os afastamentos, as dispersões, sem ter medo de "pensar o outro no tempo do nosso próprio pensamento", como diz Foucault, na célebre introdução de *A arqueologia do saber* (FOUCAULT, 1986, p. 14). Nesse sentido, o caminho não é buscar indefinidamente um ponto originário e saber onde tudo começou. As datas e os locais que fixamos não significam pontos de partida nem dados definitivos; são, antes, referências ligadas às condições de produção de um dado discurso, que se enuncia diferente, que é outro em cada um desses lugares e instantes. Não se trata, de forma alguma, de fazer uma interpretação cronologista nem de ir situando os elementos, como se fosse possível uma sequencialidade. Uma coisa é tratar de domínios como os de atualidade, memória e antecipação; outra é afirmar que há um "antes-agora-depois", disposto numa linearidade fundamental. Aqueles domínios, considerados e operacionalizados, permitirão caracterizar o que se repete, o que instaura rupturas, o que se transforma, o que está nas fronteiras de um determinado tempo.

Para o analista, é importante observar, como anunciamos acima, que a modificação dos enunciados implica a existência de um acúmulo, de uma memória, de um conjunto de já ditos. Dessa forma, qualquer sequência discursiva da qual nos ocupemos poderá conter informações já enunciadas; haveria um processo de reatualização do passado nos acontecimentos discursivos do presente. Essas redes de formulação – o tecido constituído pelo discurso de referência e pelo já enunciado – permitiriam descrever efeitos de memória, ou seja, redefinições, transformações, esquecimentos, rupturas, negações, e assim por diante. Não se trata de acionar uma memória psicológica, nem de "despertar os textos de seu sono", como diz Foucault. É preciso levantar os temas relacionados aos "esquecimentos" e mostrar qual o modo de existência que caracteriza aqueles enunciados, os quais estão, sempre, diretamente investidos em técnicas e práticas, isto é, em relações sociais.

Conclusão

Procurei, neste capítulo, expor a teoria de Foucault sobre o discurso, demonstrando de que modo o autor ensina aos pesquisadores um modo de investigar não "o que está por trás" dos textos e documentos, nem "o que se queria dizer" com aquilo, mas sim: descrever quais são as condições de existência de determinado discurso, enunciado ou conjunto de enunciados. Suspendendo continuidades, acolhendo cada momento do discurso e tratando-o no jogo de relações em que está imerso, é possível levantar um conjunto de enunciados efetivos, em sua singularidade de acontecimentos raros, dispersos e dispersivos e indagar: afinal, por que essa singularidade acontece ali, naquele lugar, e não em outras condições?

Em síntese: partindo do pressuposto de que não se pode falar de qualquer coisa em qualquer época, o que afirmei aqui, com base em Foucault, é que determinado objeto (como o conjunto de enunciações sobre a professora dadivosa ou a adolescente virgem) existe sob condições "positivas", na dinâmica de um feixe de relações; e que há condições de aparecimento histórico de um determinado discurso, relativas às formações não discursivas (instituições, processos sociais e econômicos). Tudo isso pode ser aprendido e descrito a partir dos próprios textos: a partir deles, é possível destacar as regras pelas quais o jogo de relações entre o discursivo e o não discursivo, em uma determinada época, faz aparecer aquele objeto e não outro, como objeto de poder e saber (o objeto virgindade adolescente, o objeto professora missionária, ou ainda o objeto mulher jovem de 40 anos, conforme os exemplos citados)

A compreensão da temporalidade dos discursos, como vimos aqui, talvez possa deixar um pouco mais clara a preocupação de Foucault com a "raridade" não só dos enunciados, mas dos próprios fatos humanos. Essa atenção ao que poderia ser "outro" é básica para o arqueologista. O historiador Paul Veyne explica: a afirmação de que os fatos humanos são raros significa, no pensamento foucaultiano, que eles

> [...] não estão instalados na plenitude da razão, há um vazio em torno deles para outros fatos que o nosso saber nem imagina; pois *o que é poderia ser diferente*; os fatos humanos são arbitrários, no sentido de Mauss, não são óbvios, no entanto parecem tão evidentes aos olhos dos contemporâneos e mesmo de seus historiadores que nem uns nem outros sequer o percebem (Veyne, 1982, p. 152, grifo meu).

O convite de Foucault é que, através da investigação dos discursos, nos defrontemos com nossa história ou nosso passado, aceitando pensar de outra forma o agora que nós é tão evidente; assim, nos libertamos do presente e nos instalamos quase num futuro, numa perspectiva de transformação de nós mesmos. Nós e nossa vida, essa real possibilidade de sermos, quem sabe um dia, obras de arte.

SEGUNDA PARTE
Pesquisar com Michel Foucault

CAPÍTULO 5
Foucault revoluciona a pesquisa em educação?[39]

Tenho como objetivo neste texto colocar em discussão (e à disposição) algumas ideias que me têm sido sugeridas, nos últimos dez anos, pela leitura sistemática da obra de Foucault e de alguns de seus comentadores. No interior dessa discussão, farei, mesmo que brevemente, referência a polêmicos e ricos "achados" do filósofo a respeito das complexas relações entre palavras e coisas, entre linguagem e história, entre discurso, relações de poder e modos de subjetivação, a partir da experimentação desse autor em investigações na área da educação, especificamente no que se refere à temática das conexões entre cultura, mídia e construção de subjetividades jovens e infantis.[40]

O título do artigo parodia Paul Veyne,[41] quando escreve que "Foucault revoluciona história". Sugiro que nós, pesquisadores do campo da educação, podemos encontrar em Michel Foucault saudável inspiração para pensar de outra forma os modos pelos quais temos feito escolhas temáticas, teóricas e metodológicas, em nossas investigações sobre políticas públicas, currículo, práticas cotidianas didático-pedagógicas, história e filosofia da educação. Estudiosos como Jorge Larrosa, entre tantos outros de vários países, também aqui no Brasil,[42] já nos têm mostrado como Michel Foucault

---

[39] Artigo originalmente publicado na revista *Perspectiva* – Revista do Centro de Ciências da Educação da UFSC. Florianópolis (SC), v. 21, n. 2, p. 371-389, 2003.

[40] Farei neste texto algumas referências a outros artigos e capítulos de livros em que discuti o quanto os estudos de Michel Foucault oferecem farto material para a pesquisa em educação. Ver FISCHER (1999, 2001a, 2002a, 2002b e 2002c).

[41] Ver o capítulo "Como se escreve a História", do livro *Foucault revoluciona a História* (VEYNE, 1982).

[42] A título de exemplificação, lembro o livro *O sujeito da educação:* estudos foucaultianos, em que está publicado o conhecido texto de Jorge Larrosa, "Tecnologias do eu e educação" (LARROSA, 1994); também cito a tese de doutorado de Alfredo Veiga-Neto, *A ordem das disciplinas*, defendida

oferece inúmeras ferramentas, teóricas, metodológicas e mesmo temáticas para nossos estudos em educação: as práticas de vigilância na escola, a construção disciplinar dos currículos, as relações de poder no espaço da sala de aula, a produção de sujeitos confidentes – são apenas alguns dos muitos temas que há pelo menos dez anos têm sido estudados em nossa área, com base no pensamento do filósofo.

Pretendo aqui concentrar-me em apenas algumas lições aprendidas com Foucault, que podem ser entendidas propriamente como "atitudes metodológicas"– a meu ver, absolutamente necessárias ao pesquisador, particularmente do campo das ciências humanas e da educação. A primeira é compreender que nossas lutas (e pesquisas) sempre têm a ver com linguagem, já que estamos continuamente envolvidos com lutas discursivas; a segunda atitude é atentar para a ideia de que palavras e coisas dizem respeito a fatos e enunciados, que a rigor são "raros", isto é, não são óbvios, estão para além das "coisas dadas"; a terceira, que fatos e enunciados referem-se basicamente a práticas, discursivas e não discursivas, as quais constituem a matéria-prima de nossas investigações, (não importa em que campo se concentrem) e que dizem respeito sempre a relações de poder e a modos de constituição dos sujeitos individuais e sociais; finalmente, a atitude de entrega do pesquisador a modos de pensamento que aceitem o inesperado, especialmente àquilo que se diferencia do que ele próprio pensa.

Na esteira de Wittgenstein e Nietzsche, além de Heidegger, Foucault afirma que a palavra, o discurso, enfim, as coisas ditas não se confundem com meras designações: palavras e coisas para ele têm uma relação extremamente complexa, justamente porque são históricas, são construções, interpretações; jamais fogem a relações de poder. Palavras e coisas produzem sujeitos, subjetividades, modos de subjetivação. Desde meus primeiros estudos sobre mídia e educação,[43] tenho buscado desenvolver uma metodologia de análise dos meios de comunicação, sugerindo que nossas análises do discurso midiático deem conta das práticas discursivas e não

---

em 1996 no Programa de Pós-Graduação da UFRGS. Como vimos na introdução deste livro, dos anos 1990 até nossos dias, houve um crescimento significativo de estudos foucaultianos, com ênfase na área de educação, e particularmente no Brasil.

[43] Cito aqui duas dessas pesquisas, realizadas com apoio do CNPq (Bolsa de Produtividade em Pesquisa): a primeira, "O estatuto pedagógico da mídia" (de 1998 a 2000), buscava desenvolver o conceito de "dispositivo pedagógico da mídia", estabelecendo relações entre estratégias discursivas da TV e modos de produzir sujeitos, na perspectiva de Foucault; a outra, "Mídia, juventude e reinvenção do espaço público" (2002-2005) objetivava descrever os modos pelos quais a mídia estaria propondo modos de existência pública e privada de jovens e adolescentes; nela são analisados programas de TV e depoimentos de jovens de classes populares e médias de Porto Alegre (RS).

discursivas[44] que estão em jogo no complexo processo de comunicação que se opera entre criadores, produtores, atores, técnicos e espectadores. Isso significa expor os enunciados de discursos que circulam em nossa época e se constituem como verdadeiros; nesse sentido, interessam-me em especial aqueles discursos que dizem respeito à proposição de determinados modos de existência para a vida de jovens, adolescentes e crianças deste País (cf. FISCHER, 2002b).

Quando me refiro à análise do discurso, estou basicamente tratando da análise enunciativa de Foucault (conforme explicitei no capítulo 4 deste livro), entendendo que descrever enunciados em nossos estudos significa apreender as coisas ditas como acontecimentos, como algo que irrompe num tempo e num espaço muito específicos, ou seja, no interior de uma certa formação discursiva – esse feixe complexo de relações que "faz" com que algumas coisas possam ser ditas (e recebidas como verdadeiras), num certo momento e num lugar. Assim, o espetáculo da vida privada na mídia – tema com o qual tenho me ocupado há algum tempo, e que parece ter se tornado algo que "deve" acontecer, "deve" pertencer ao nosso cotidiano, "deve" ser dito –, seria um exemplo de "coisa dita" a ser analisada hoje; no caso, o material empírico é bastante farto, e a seleção dependeria do objetivo específico da investigação.

Assim, se nos interessa a relação entre mídia, classes populares e espetacularização da vida privada, a proposta seria apropriar-se desse acontecimento do presente e coletar materiais como os veiculados em diversos programas vespertinos da televisão brasileira, em que podemos assistir, por exemplo, ao depoimento de um casal jovem que se separa e cujo principal problema pode ser a posse do cachorro ou a confissão de que a mulher se apaixonou por uma antiga amiga; também poderemos tomar como material um programa que nos permite entrar, em plena tarde de domingo, junto com os cinegrafistas da TV e o apresentador, na casa de uma família, a quem o apresentador concede prêmios em dinheiro, desde que, abrindo armários de cozinha, sala, quarto e banheiro, encontre objetos definidos anteriormente pela produção (quase sempre, objetos relativos a anúncios dos patrocinadores do programa[45]). Enfim, o espaço deste artigo

---

[44] Embora a relação entre práticas discursivas e não discursivas não tenha sido plenamente esclarecida por Foucault, como escrevem seus comentadores DREYFUS; RABINOW (1995), optamos por utilizá-las aqui para referir o propriamente discursivo (linguagem, discurso, enunciado) e o que diz respeito às práticas institucionais (exercícios, rituais, definição de lugares e posições, distribuição espacial dos sujeitos, etc.) – práticas que jamais "vivem" isoladamente. A explicitação dessas relações será feita no decorrer deste capítulo.

[45] Os exemplos de *merchandising*, associados à transformação da vida privada em espetáculo público na TV, são intermináveis, e os leitores imediatamente poderão lembrar de vários casos, não só na televisão brasileira.

seria insuficiente para narrar, mesmo que de modo sucinto, todas as possibilidades de exposição do privado na TV, por pessoas comuns deste País.

Importa aqui, na perspectiva adotada, que qualquer material empírico escolhido seja estudado na sua multiplicidade de acontecimento. Todo e qualquer documento – um conjunto de programas de TV pode ser o nosso material documental – será tratado na condição de objeto que existe no interior de um conjunto de práticas discursivas e não discursivas. Interessa, então, nesse caso, a descrição das coisas ditas nos programas televisivos, as frases enunciadas, os sujeitos enunciadores, os cenários e a sonorização dessas falas, bem como a descrição da própria prática institucionalizada do cotidiano social e cultural das famílias brasileiras diante da TV, da autoproposição das grandes emissoras como "educadoras" do povo, do cultivo do amor às celebridades, a descrição da guerra de audiência entre as redes de TV. Enfim, interessa chegar o mais próximo possível das várias práticas discursivas e não discursivas em jogo. Mas qual o pressuposto principal?

Raridade de fatos e enunciados

Uma análise desse tipo – seja das articulações entre mídia e educação, seja de fatos atuais dos rituais de avaliação das universidades, do ensino fundamental e do ensino médio, ou tantas outras questões que poderíamos sugerir aqui – terá como pressuposto que os fatos humanos são raros; e, ainda, que os enunciados de um discurso também o são. Como nos ensina Paul Veyne, isso quer dizer que, para Foucault, nem as coisas ditas nem as coisas acontecidas estão instaladas "na plenitude da razão" (VEYNE, 1982, p. 151), não são totalmente evidentes. Fatos e coisas ditas são raros porque há um vazio em torno deles, já que são possibilidades, múltiplas, que ao pesquisador cabe descrever. Assim, as lágrimas do marido que, com a filha pequena ao colo, acompanha a mulher visitada por um apresentador de TV, serão tratadas não como mera manipulação ideológica, apelação ou sensacionalismo caritativo da grande emissora – pois isso já nos cansamos de saber que ocorre todos os dias na TV, isso já é "dado". Vão nos interessar, sim, os vazios em torno desse acontecimento, vão interessar todos os detalhes de um conjunto significativo de programas e situações como essa, na medida em que, estudando-os nas minúcias das práticas ali envolvidas, pudermos dar conta de tudo o que não é tão prontamente sabido sobre modos de subjetivação das camadas populares, nos meios de comunicação no Brasil. Isso porque, para Foucault, há espaços vazios em torno dos ditos e dos acontecidos, que por vezes identificamos apressadamente como verdades inquestionáveis. Esse vazio diz respeito a inúmeros outros fatos e enunciados que "o nosso saber nem imagina" (VEYNE, 1982, p. 152).

O que uma atitude como essa sugere ao pesquisador? Sugere, antes de qualquer coisa, que é preciso aprender o exercício da dúvida permanente em relação a nossas crenças, às nomeações que vimos fazendo por vezes há longo tempo, de tal forma que já as transformamos em afirmações e objetos plenamente naturalizados. "A escola pública de ensino fundamental e médio deteriora-se cada vez mais", "A mídia influencia e manipula os leitores, espectadores, ouvintes, especialmente os mais jovens e menos informados", "Crianças, jovens e adultos têm dificuldades imensas de aprender matemática, física, química", "Adolescentes não sabem escrever, não leem, comunicam-se muito mal" – poderíamos aqui arrolar uma série interminável de enunciados transformados já em senso comum, no campo da educação. Por mais que façamos importantes investigações a respeito dos temas a que esses enunciados estejam relacionados, eles continuam a ser repetidos, à exaustão, mesmo em ambientes acadêmicos, como se não fosse possível desfazê-los, desmanchá-los como verdades acabadas. O convite que o pensamento foucaultiano nos faz é o de imergir nesses ditos que se cristalizam e buscar descrever – tanto no interior das próprias pesquisas já feitas sobre o tema quanto numa nova proposta de estudo empírico – práticas discursivas e práticas não discursivas em jogo; o objetivo é que, de tal modo, possamos fazer aparecer justamente a multiplicidade e a complexidade dos fatos e das coisas ditas, que são, por isso mesmo, raros, no sentido de que não são óbvios, não são naturais, não estão imunes a imprevisibilidades. Expor essas multiplicidades nos permitirá descrever um pouco dos regimes de verdade de uma certa formação histórica e de determinados campos de saber.

Em outras palavras: trata-se de perguntar, no âmbito escolhido para nosso estudo, como algumas práticas acabam por objetivar e nomear, de determinada forma, os sujeitos, os grupos, suas ações, gestos, vidas. Lembro, para exemplificar, a manifestação de um grupo de jovens, reunidos para debater mídia, sexualidade e adolescência com um grupo de psicólogos.[46] Eles reivindicavam simplesmente o seguinte: por que adultos e especialistas em educação e psicologia agendavam tantos encontros sobre "adolescência e drogadição", "adolescência e sexualidade", "adolescência e doenças sexualmente transmissíveis", "adolescência e gravidez precoce"? Por que raríssimas vezes havia um seminário ou uma palestra sobre "jovens e criação artística", "jovens e felicidade", "adolescência e paixão"?

A reivindicação desses meninos e meninas dá a pensar: nossas práticas pedagógicas, nossos rituais, nossas escolhas de pesquisa, nossas intervenções

---

[46] Refiro-me a um Curso de Extensão de que participei como palestrante, na Clínica de Atendimento Psicológico do Instituto de Psicologia da UFRGS, em 2001.

extensionistas na universidade – todas essas práticas de algum modo objetivam, no sentido de que enclausuram, limitam sentidos a respeito de alguma coisa ou de alguém. No exemplo citado, penso que temos objetivado esse outro, o adolescente, o jovem, de um modo bem específico em nossa cultura. Foucault nos ensina que um modo de falar, de enunciar, de nomear o outro é também um modo de constituir o outro, de produzir verdades sobre esse outro, de cercar esse outro a partir de alguns limites que, mesmo considerando todas as nossas mais nobres intenções psico-didático-pedagógicas, acabam por nos fazer esquecer que ocorre, aí também, de controle do discurso. Trata-se, como diz Foucault na célebre aula *A ordem do discurso*, de uma esconjuração dos perigos da linguagem, dos perigos daquilo que pode vir a ser dito, dos perigos daquilo que talvez não saibamos ou não consigamos tratar (FOUCAULT, 1971). No caso citado, é possível imaginar que as mais diferentes instâncias sociais ocupadas com crianças, adolescentes e jovens, nos campos médico, educacional e psicológico, tenham construído um tal discurso de poder, sobre esses sujeitos em formação, que seu olhar se tenha tornado cego a outras possibilidades de desejo, de vida, de linguagem nesses grupos. Eles mesmos, crianças e jovens, se veem constrangidos pelos discursos especializados, e podemos ouvi-los nomeando-se a si mesmos como presos a sexo e drogas, por exemplo, até o momento em que irrompe o diferente, a pergunta que nos dá a pensar: por que não um seminário sobre juventude e paixão de viver?

Ou seja, uma atitude metodológica foucaultiana é justamente essa: a de prestar atenção à linguagem como produtora de discursos, como inseparável das práticas institucionais de qualquer setor da vida humana. Prestar atenção à linguagem como constituinte e constituída de práticas e de sujeitos não é, certamente, uma invenção de Michel Foucault: muitos outros, antes e depois dele, nos ensinaram, como Heidegger, Nietzsche, Wittgenstein, Bakhtin e Laclau, que os atos de linguagem constituem uma trama que ultrapassa o meramente linguístico, que o discurso é uma instância limítrofe com o social, que o discurso produz os objetos dos quais ele mesmo fala (FOUCAULT, 1986, p. 56).

O que me parece um diferencial em Foucault é que ele insiste fortemente na produtividade "positiva" da linguagem e dos discursos, naquilo que os discursos produzem historicamente, na vida das sociedades, do pensamento, dos sujeitos. O filósofo historiador nos ensina: nossos objetos de pensamento – o povo, o prisioneiro, o doente, o aluno, o telespectador, por exemplo – são sempre correlatos de uma prática, e de uma prática histórica. São objetos que precisam ser pensados na justa medida em que são objetivados de uma certa forma. Ora, para pensá-los desse jeito, há que traduzir tais noções em algo de efetivo; caso contrário, estaremos no mero mundo das palavras que nada dizem. Ou seja, há que descrever minuciosamente a complexidade das práticas em que, por exemplo, estão envolvidos os alunos que não aprendem matemática, os espectadores que dependem cotidianamente de sua telenovela, os adolescentes que teimam em não se proteger nas suas relações sexuais, as patéticas figuras que se sentam horas a fio diante da TV e choram através das lágrimas dos que sofrem ao vivo e em cores sua miséria brasileira, diante de milhões de pessoas, cada uma em sua privada existência domiciliar.

Multiplicidade das práticas

Como nos ensina Paul Veyne, escrevendo sobre Foucault historiador, as práticas não são instâncias misteriosas, não são motores ocultos. Elas são simplesmente práticas, são multiplicidades históricas, institucionais ou não, plenas de surpresas, de drapeados, nem sempre visíveis imediatamente para nós, multiplicidades que nos acostumamos a quase ignorar, a partir de uma compreensível economia que nos faz receber as coisas, as pessoas, as palavras e os atos como se eles fossem óbvios, dados, naturais, unívocos, plenos de racionalidade. Como escreve Veyne,

> Foucault não revela um discurso misterioso, diferente daquele que todos nós temos ouvido: unicamente, ele nos convida a observarmos, com exatidão, o que é dito. Ora, essa observação prova que a zona do que é dito apresenta preconceitos, reticências, saliências e reentrâncias inesperadas de que os locutores não estão, de maneira nenhuma, conscientes. Se se prefere, há, sob o discurso consciente, uma gramática, determinada pelas práticas e gramáticas vizinhas, que a observação atenta do discurso revela, se consentimos em retirar os amplos planejamentos que se chamam Ciência, Filosofia, etc. (VEYNE, 1982, p. 160).

Essa observação de Paul Veyne é fundamental para o que estou chamando de atitude metodológica aprendida de Foucault: deixemos para trás os grandes e monumentais "planejamentos" e aprendamos a descrever a miríade de práticas produzidas pelos múltiplos saberes de determinada época, para fazer emergir daí a descrição dos enunciados que nesse tempo e lugar se tornam verdade, se fazem práticas cotidianas, interpelam sujeitos, produzem felicidades e dores, rejeições e acolhimentos, solidariedades e injustiças, e igualmente políticas públicas de saúde, de educação, de emprego, e assim por diante. A pesquisa minuciosa das práticas aparentemente menos nobres – os rituais de como uma professora prepara suas aulas de matemática, de como escolhe os exemplos que constituirão as narrativas dos famosos "problemas matemáticos", de como as crianças recebem essas histórias e como operam sobre elas, de como ocorre isso ali, naquele espaço vivo cotidiano da sala de aula, naquela cidade, naquela região do Brasil, a investigação de mínimos documentos relativos a essas mesmas práticas, documentos transformados em monumentos, como queria Foucault (1986) –, pode propiciar a possibilidade de nos defrontarmos com coisas ditas e coisas feitas, fatos surpreendentes, questionados naquilo que até então tinham de óbvios, e mostrados a partir de saliências, reticências, descontinuidades, acasos históricos. Tal modo investigativo nos faz participar da produção de um saber que não só torna mais vivas as teorias, os autores e os conceitos que utilizamos, como nos faz partícipes da descrição e do questionamento da história de nosso presente, particularmente no campo em que atuamos.

Se nos dedicarmos às multiplicidades das práticas, chegaremos a descrever não apenas gestos, fatos que se sucedem, mas um conjunto de rituais, passos, coisas a fazer, regras de conduta, respostas e perguntas esperadas, normas a obedecer, olhares eloquentes, disposições espaciais, objetos indispensáveis àquela prática, junto com uma série de enunciações, de palavras, de imagens – que serão para nós riqueza e variedade, na exata medida em que nos abrirmos sensivelmente a recebê-las nessa condição, a condição de fatos ao mesmo tempo óbvios e inesperados, cotidianos e excepcionais; na medida em que não os procurarmos para comprovar o que já sabemos; na medida em que fizermos a tentativa de nos despir do que já sabemos e que nos oferece terra firme para todas as explicações.

Para Foucault, descrever práticas discursivas e não discursivas, em torno de um objeto ou tema tem a ver com um trabalho dedicado e pormenorizado de investigar e expor aqueles espaços não óbvios, aqueles vazios (ou seja, aquilo que fica para além do óbvio, do já dito, do já sobejamente conhecido e nomeado) que se localizam em torno de nossos objetos, aquilo que, em certa época histórica, está virtualmente posto para que tais e tais objetivações ocorram. Esse "virtualmente posto" diz respeito, a meu ver, aos regimes de verdade de uma época, e que, como num pontilhado pouco definido, estão ali, não como determinação mecânica, mas como condição de possibilidade para que certas enunciações sejam aceitas. Tomo como outro exemplo um fato aparentemente simples: a constatação de que, entre nós, passa a ser aceito sem muito susto ou contestação que meninas devam começar suas visitas ao ginecologista já aos oito anos de idade, conforme têm preconizado alguns médicos desde o fim dos anos 1990 – fato bastante divulgado em revistas ditas femininas e em páginas de cadernos de saúde de jornais diários, de significativa circulação no País.

Ora, toda a visibilidade conquistada pela mulher, como sujeito político e social, nas últimas três ou quatro décadas, pode ser pensada, na perspectiva metodológica que vimos expondo até aqui, a partir da complexidade das práticas experimentadas em torno dessa mesma visibilidade; ou seja, é possível imaginar que se trata de uma luta por melhores condições de vida da mulher, contra a dominação masculina, luta na qual estão envolvidas diferentes instâncias sociais, diferentes discursos, como o da medicina, e cujas pesquisas têm oferecido inúmeros avanços quanto à prevenção de doenças graves como o câncer de mama, e assim por diante. Mas o que está em jogo, nesses dados todos? Certamente, estamos diante de uma trama discursiva em torno do controle sobre o corpo da mulher, para não falar em tantos outros acontecimentos de nosso tempo, no que se refere às lutas e conquistas relativas às relações de gênero.

O importante a ressaltar aqui é que, na perspectiva foucaultiana, nossas análises precisarão dar conta das pequenas lutas, das lutas por imposição de sentidos, das lutas pelo poder da palavra, num certo foco específico de relações de poder; ora, essas lutas não são verticais somente, elas existem lado a lado, por todos os lados, e não são linearmente compreensíveis ou compreendidas. Ou seja, se as mulheres conquistam maior visibilidade, se aprendem a cuidar melhor de si e se tornam mais donas de seu corpo, também se veem às voltas com novos convites, como esse de se fazer examinada cada vez mais cedo, em nome do cuidado consigo mesma. Para Foucault, precisamos aceitar o "indefinido da luta", aceitar que "a cada movimento de um dos adversários corresponde o movimento do outro" (FOUCAULT, 1992, p. 147), de modo que, no exemplo dado, muitos grupos de mulheres passam a se manifestar a respeito e questionam a necessidade real de tanta e tão precoce exposição do corpo feminino ao exame médico.

Desmanchar objetos naturalizados

Como já escrevi anteriormente (FISCHER, 2002b, p. 87), fazer história – e eu acrescento agora: fazer pesquisa em ciências humanas e educação – é se ocupar do visível e do enunciável, do não discursivo e do discursivo, entendendo que ambos estão em plena e permanente conexão entre si. Quando estudou doentes, presos e loucos, em *Vigiar e punir*, *Nascimento da clínica*, *História da loucura*, Foucault se ocupou primordialmente de espaços institucionais, lugares muito concretos e palpáveis, a partir dos quais examinou as dimensões de exterioridade de algumas funções básicas do discurso, daquilo que ele chamou "a sociedade das disciplinas" (FOUCAULT, 1991): as funções de isolamento, de sequestro dos corpos, de classificação e ordenação dos sujeitos. Foucault estaria nos dizendo que as coisas visíveis correspondiam perfeitamente às coisas enunciáveis, e vice-versa? Ele enunciou essas funções *porque* elas seriam a representação de algumas práticas descobertas por ele na pesquisa? Também não. Penso que o fato de Foucault ter examinado cuidadosamente, minuciosamente, um número enorme de regras, normas, rituais, listagens de procedimentos, manuais, disposições arquitetônicas (no caso, das primeiras prisões, dos primeiros hospitais) – práticas de produzir isolamentos, totalizações e classificações dos indivíduos – é que lhe permitiu de certa forma "ver", "enxergar" essas funções, para então construir a história das prisões e descrever o nascimento da psiquiatria, e mostrar como nos constituímos de certo modo no Ocidente.

Complementando esse argumento, trago novamente Paul Veyne, que escreve: "cada prática, tal como o conjunto da história a faz ser, engendra o objeto que lhe corresponde, do mesmo modo que a pereira faz peras e a macieira maçãs: não há objetos naturais, não há coisas. As coisas, os objetos não são senão os correlatos das práticas. A ilusão do objeto natural [...] dissimula o caráter heterogêneo das práticas" (VEYNE, 1982, p. 163). Então, seguindo o autor, podemos dizer que não haveria, por exemplo, o problema da aprendizagem e do ensino da matemática *através dos tempos*, a mulher medicalizada *desde os primórdios do século XX*, as classes populares manipuladas pela norma do "pão e circo", *desde o tempo dos romanos* até a era de Sílvio Santos ou Chacrinha. Isso significaria aceitar a ilusão dos objetos naturais, das unidades fixas (por mais que as vejamos historicamente): "a" mulher, "o" ensino da matemática, "as" classes populares e a diversão.

O que se propõe aqui é que sejam desfeitas essas unidades e que interrompamos a prática já tão cristalizada de, mesmo afirmando que tratamos de objetos históricos, nos agarrarmos a unidades, a objetos naturalizados. No lugar dos ilusórios objetos naturais, pensemos numa filosofia da relação, como escreve Veyne, encaremos o problema "pelo meio", isto é, a partir das práticas, a partir dos discursos, a partir de acontecimentos, da descrição de momentos em que certas "coisas" são objetivadas de certa forma. Regimes de verdade de uma dada formação social, produzidos a partir de vários discursos e lugares de poder, formam uma espécie de pontilhado, o qual funciona como se se tratasse de virtualidades prefiguradas; ora, uma prática como a da medicalização ginecológica da infância, no exemplo dado acima, *atualiza* virtualidades de uma época, mas está, ao mesmo tempo, submetida à força de outras práticas, vizinhas, que podem transformá-la (VEYNE, 1982, p. 166). Uma análise mais cuidadosa poderá mostrar, nesse caso, o quanto esse discurso da medicalização das meninas não é regra geral, o quanto ele desaba diante da fragilidade dos serviços públicos de saúde no Brasil, que mal e mal atendem os casos considerados mais graves, de pessoas das camadas mais pobres da população.

Ao pesquisador que se deixa subjetivar pelo pensamento foucaultiano vai interessar justamente isto: ampliar o leque das práticas a descrever, no que se refere a uma temática e a um problema levantado, entendendo que há uma força nas práticas institucionais e que há igualmente uma força considerável nas construções discursivas correspondentes. Umas não existem sem as outras, e ambas não são univocamente correlatas, embora o sejam de modo complexo. Tomar as práticas discursivas e não discursivas "pelo meio" é abandonar a filosofia do objeto explicado como fim ou como causa – de acordo com Veyne (VEYNE, 1982, p. 166). Deixando de lado as explicações idealistas – como a de que se cria uma consciência e a partir dela se fazem as práticas –, a sugestão é que nos entreguemos a descrever a complexidade e heterogeneidade de nossas práticas, de nossos modos de existência e pensamento, de tal forma que seja possível apanhar não reificações e objetos naturais "através dos tempos", como se eles sempre tivessem existido, mas objetos descontínuos, sucessão de heterogeneidades que não progridem por ascensão vertical, mas que existem por dentro de práticas muito específicas, mediante elas sem, contudo, se confundirem com elas (VEYNE, 1982, p. 169).

Quanto aos jovens e às crianças que "odeiam" a matemática, por exemplo, o pesquisador da educação, na perspectiva aqui assumida, tratará de mostrar de que modo os diferentes momentos da história da educação objetivaram o ensino e a aprendizagem dessa disciplina, as diversas formas de enunciar aquele que não aprende, nas várias escolas do pensamento pedagógico; também procurará discorrer sobre o próprio discurso da ciência matemática e da sua relação com o discurso das ciências humanas, no âmbito do debate acadêmico e escolar, o lugar de poder desse discurso, etc. Todas essas precauções metodológicas, ao modo de Foucault, nos fazem pensar que não haveria "problemas eternos" de não aprendizagem das ciências exatas e formais, e sim uma história daquilo que se considerou como verdade nesse campo e das lutas em torno dessas mesmas verdades.

> Aí está, pois – como escreve Veyne a propósito do historiador Foucault –, um universo inteiramente *material*, feito de referentes pré-discursivos que são virtualidades ainda sem rosto; práticas sempre diversas engendram nele, em pontos diferentes, objetivações sempre diversas, rostos; cada prática depende de todas as outras e de suas transformações, tudo é histórico e tudo depende de tudo; nada é inerte, nada é indeterminado [...] e nada é inexplicável; longe de depender de nossa consciência, esse mundo a determina (VEYNE, 1982, p. 172. Grifo do autor).

Várias consequências tiramos dessas afirmações: a mais importante é que toda ciência é provisória, já que a cada momento, como num caleidoscópio, colocam-se para os grupos humanos e as sociedades alguns pontos críticos, algumas questões, que não vivem eternamente iguais a si mesmas, essencialmente as mesmas.

> A cada momento, este mundo é o que é: que suas práticas e seus objetos sejam *raros*, que haja vazio em volta deles, isso não quer dizer que haja, em derredor, verdades que os homens ainda não apreenderam: as figuras futuras do caleidoscópio não são nem mais verdadeiras nem mais falsas do que as precedentes. Não há, em Foucault, nem recalque nem retorno do recalque, não há nenhum não-dito que bata à porta (VEYNE, 1982, p. 176-177. Grifo do autor).

É em *A arqueologia do saber* (1986) e na célebre aula *A ordem do discurso* (1971) que lemos o quanto Foucault reivindicou que as iniciativas dos grupos e dos indivíduos, as descontinuidades históricas,[47] nos mais variados campos de saber, se dão a partir de lutas e de práticas muito concretas, sob condições que não constituiriam a determinação daquelas práticas, mas antes o campo complexo em que elas se articulam, se efetivam, como práticas discursivas e não discursivas. Não se trata, portanto, de um real revelado pela linguagem, mas de discursos que nascem igualmente sob um fundo de discursos, discursos *em relação*, a partir de cuja análise podemos desenhar figuras próprias de uma época e não objetos eternos que vão tomando novas formas "através dos tempos". Vale repetir: a análise desses discursos terá que dar conta necessariamente de uma história, e a história está diretamente relacionada a práticas sociais e institucionais muito específicas. Como escreve Foucault em *A arqueologia do saber*, "o discurso não tem apenas um sentido ou uma verdade, mas uma história" (FOUCAULT, 1986, p. 146). Ou seja, o discurso tem suas regras de aparecimento e jamais se desvincula de questões e jogos de poder (FOUCAULT, 1986, p. 139), bem como jamais se separa de técnicas e efeitos que se operam sobre o sujeito. Há uma positividade dos discursos na história dos sujeitos, basicamente de seus corpos: os sujeitos são efeitos discursivos e esses efeitos, produzidos no interior de concretas relações sociais, econômicas, institucionais, não existem senão nos corpos – como refere o autor no elucidativo texto "Nietzsche, a genealogia e a história" (FOUCAULT, 1992a).

Sendo assim, o trabalho dos pesquisadores não será ir atrás das origens, dos começos, de onde tudo um dia teve sua eclosão, e ir marcando as sucessivas transformações e evoluções. Datas e locais não são pontos de partida nem dados definitivos, mas elementos que compõem a rede das condições de produção de um discurso que ali, naquele lugar, estabelece uma ruptura, produz um acontecimento díspar, uma descontinuidade em um determinado campo de saber. Por mais simples que seja nossa pesquisa, por mais delimitada que seja, penso que ela pode realizar, pelo menos como

---

[47] Ver, a propósito do tema da descontinuidade histórica, a introdução de *A arqueologia do saber* (FOUCAULT, 1986).

atitude, essa proposta foucaultiana, de enfrentar pretensos objetos naturais, de tensioná-los, oferecendo-lhes em confronto práticas a ele relacionadas, práticas datadas e raras que os objetivaram, que os tornaram exatamente isso, objetos naturais. É como se utilizássemos um método pictórico, diz Veyne, elaborando figuras e quadros por vezes estranhos, violentos até, mas jamais abstratos.

Para concluir

Michel Foucault entende que o ofício do pensador (e eu acrescento, do pesquisador, do estudioso da educação também) é o ofício daquele que investe em pensar diferentemente do que ele próprio pensa, em perceber diferentemente do que ele mesmo vê (FOUCAULT, 1990b). Em suma, para Foucault, filosofar hoje em dia não é senão "o trabalho crítico do pensamento sobre o próprio pensamento", em vez de sempre e todas as vezes "legitimar o que já se sabe", ou então se apropriar simplificadoramente de outrem "para fins de comunicação" (FOUCAULT, 1990, p. 13). Foucault defende a escrita (filosófica) como uma experiência modificadora de si mesmo, que se faz através do exercício de um saber que é estranho ao autor (FOUCAULT, 1990, p. 13). Tomo essas observações para concluir, sugerindo que, como procurei desenvolver neste artigo, talvez Michel Foucault seja um autor que possa revolucionar a pesquisa em educação, na medida em que transformamos os conceitos desenvolvidos em sua obra em ferramentas efetivamente produtivas na construção de nossos objetos de investigação, em direção a estudos que privilegiem o estudo cada vez mais cuidadoso de práticas educacionais, de práticas didático-pedagógicas, de políticas públicas, de propostas curriculares. Refiro-me aqui a práticas discursivas e não discursivas, que deem conta das descontinuidades históricas no campo da educação, do pensamento pedagógico; práticas discursivas e não discursivas pelas quais possamos descrever não objetos naturalizados, mas antes os caminhos pelos quais determinados temas, sujeitos, situações, no campo educacional, foram historicamente objetivados.

Tratar dos discursos e das relações de poder nas mínimas práticas cotidianas e institucionais, seguindo o que Foucault nos ensinou em suas pesquisas, é um modo de fazer história, história do nosso presente, lançando um olhar profundamente crítico a todas as formas de sujeição do homem, as quais são visíveis nos diferentes campos institucionais e nas inúmeras técnicas, procedimentos, estratégias, discursos e arquiteturas construídos historicamente. É estudar relações de poder, entendendo que o poder sempre existe em ato, e jamais se exerce de um lado só: em ambos os lados há agentes, e sempre há espaço para respostas, revoltas, reações, efeitos, já que o poder só se exerce sobre homens livres (Foucault, 1990a, p. 91). Pesquisar nessa perspectiva é fugir das explicações de ordem ideológica, das teorias conspiratórias da história, de explicações mecanicistas de todo tipo: é dar conta de como nos tornamos sujeitos de certos discursos, de como certas verdades se tornam naturais, hegemônicas, especialmente de como certas verdades se transformam em verdades para cada sujeito, a partir de práticas mínimas, de ínfimos enunciados, de cotidianas e institucionalizadas regras, normas e exercícios. Pesquisar a partir desses pressupostos históricos e filosóficos significa também, e finalmente, dar conta de possíveis linhas de fuga, daquilo que escapa aos saberes e aos poderes, por mais bem montados e estruturados que eles se façam aos indivíduos e aos grupos sociais. Isso, porém, exige trabalho, dedicação, estudo pormenorizado de práticas, apropriação criativa do referencial teórico escolhido. Afinal, como nos diz Wittgenstein (1996, p. 14) "todas as manhãs é preciso atravessar de novo o cascalho inerte, de modo a atingir a semente viva e quente".

Capítulo 6

"Técnicas de si" na TV: a mídia se faz pedagógica[48]

O objetivo deste capítulo é discutir de que modo a mídia – particularmente a televisão – estaria se constituindo como instância pedagógica na cultura contemporânea. Tal afirmação – ou suposição – sustenta-se em uma série de investigações que vimos fazendo há alguns anos,[49] com o objetivo de delinear algumas modalidades e estratégias de linguagem que constituiriam ou poderiam indicar um *ethos* pedagógico da mídia. Neste texto, concentro-me na discussão de um complexo conjunto de estratégias de linguagem, visíveis nos diferentes produtos televisivos, e diretamente relacionadas a modos contemporâneos de constituir sujeitos na cultura. Tais modos de existência, a meu ver, pautam, orientam, interpelam o cotidiano de milhões de cidadãos brasileiros – ou seja, participam decisivamente da produção de sua identidade e sua subjetividade. É disto que pretendo tratar aqui: das diferentes formas criadas, reproduzidas, muitas vezes repetidas da mídia de se posicionar como *locus* de educação, de formação, de condução da vida das pessoas e de como esse fato tem importantes repercussões nas práticas escolares, na medida em que crianças e jovens de todas as camadas sociais aprendem modos de ser e estar no mundo também nesse espaço da cultura.

Entendemos que a mídia não apenas veicula. Ela, sobretudo, constrói discursos e produz significados e sujeitos. Essa formulação fundamenta-se

[48] Texto originalmente publicado em *Educação Unisinos*. São Leopoldo (RS), v. 4, n. 7, p. 111-139, 2000.

[49] Refiro-me aqui especialmente a duas pesquisas: a primeira, que resultou na minha tese de doutorado (*Adolescência em discurso: mídia e produção de subjetividade*, defendida em 1996); e a segunda, intitulada *O estatuto pedagógico da mídia*, concluída em agosto de 2000. Em ambas as pesquisas, debruço-me sobre materiais da mídia (revistas, jornais e especialmente televisão, no caso da segunda) e procuro descrever estratégias de linguagem em direção à constituição de sujeitos. Neste capítulo, trato particularmente dos resultados da segunda pesquisa.

na articulação dos conceitos de poder, saber e sujeito feita por Michel Foucault (FISCHER, 1996; 1997), em obras como *A arqueologia do saber* e os três volumes de sua *História da sexualidade*, bem como na dinamização desses mesmos conceitos, concentrando a atenção no conceito de "dispositivo pedagógico", desenvolvido pelo estudioso espanhol Jorge Larrosa (1995) e explicitado no texto "Tecnologias do eu e educação", que por sua vez se apoia no conceito foucaultiano de *techniques de soi*.

O que seriam as tais "técnicas de si", na teorização de Foucault sobre o sujeito? A partir da investigação sobre textos clássicos gregos e latinos (por exemplo, de Plínio, Plutarco, Sênecca, Xenofonte, Platão, entre tantos outros), Foucault definiu as *techniques de soi* como aqueles procedimentos e técnicas que "permitem aos indivíduos efetuar, por conta própria ou com a ajuda de outros, certo número de operações sobre seu corpo e sua alma, pensamentos, conduta ou qualquer forma de ser obtido, assim, uma transformação de si mesmos com o fim de alcançar certo estado de felicidade, pureza, sabedoria ou imortalidade" (FOUCAULT, 1995d, p. 48, trad. da autora). Ora, como definir hoje as "técnicas de si" propostas por nossa sociedade, muitas delas tão frequentemente presentes nos meios de comunicação? De que operações sobre nosso corpo e nossa alma elas falam? E o que seria em nossos tempos atingir "certo estado de felicidade"?

Como já comentamos em outro texto (FISCHER, 1999, p. 39-59), para Foucault, a tecnologia de si é um domínio bastante amplo e sobre o qual há que fazer a história; ou seja, precisamos perguntar como, hoje, se produzem e como entram em circulação não só técnicas de transformar a si mesmos, mas todo um conjunto de textos relacionados com a constituição de "discursos de verdade" sobre o "si", ou seja, sobre as complexas relações entre sujeito e verdade. Nos estudos que empreendemos sobre mídia e produção de sujeitos buscamos justamente participar da elaboração dessa história, identificando e analisando minuciosos procedimentos e técnicas de falar aos indivíduos e aos grupos, de interpelá-los em termos sociais, afetivos, políticos, econômicos; também de incessantemente fazê-los falar e de, ao mesmo tempo, devolver-lhes suas falas e ditos a partir da voz de inúmeros especialistas.

Com tais estudos, alinhamo-nos com outros estudiosos preocupados com o espaço significativo que vem ocupando a vida privada e as diferentes técnicas de confissão da intimidade nas telas da televisão e em outros meios, como revistas e jornais. É o caso, só para citar um exemplo, da pesquisadora francesa Dominique Mehl (1996), que, em seu livro *La télévision de l'intimité*, ao analisar programas de TV e ao entrevistar não só criadores e apresentadores de programas mas também pessoas comuns que se apresentaram em *talk shows*, entrevistas e programas "confessionais" – traz para o debate esse complexo jogo de transgressão de hábitos e tabus, de exposição do que há bem pouco tempo se considerava que talvez devesse ficar escondido, de mistura entre espetáculo e autenticidade, e assim por diante. Como bem escreve a autora, há outras questões de fundo em jogo nesse debate: não se trata somente de nos perguntarmos sobre a responsabilidade da mídia nessa superexposição das intimidades, mas de indagarmos sobre como as sociedades contemporâneas realizam o debate do que é "público", definem o que é a "palavra pública", orientam o que seria a "cena social". A questão, portanto, é também e predominantemente política.

A discussão sobre o dispositivo pedagógico da mídia, repito, não se configura apenas como uma discussão sobre linguagem, sobre estratégias de construção de produtos culturais, no caso aqui referido, de programas televisivos — por isso também incorporamos teorias mais diretamente dirigidas à compreensão dos processos de comunicação e informação[50] —, mas é, sobretudo, uma discussão sobre poder e formas de subjetivação. Fundamentando-nos no conceito de "dispositivo da sexualidade" de Foucault (1990a, p. 100), descrevemos o dispositivo pedagógico da mídia como um aparato discursivo e ao mesmo tempo não discursivo (toda a complexa prática de produzir, veicular e consumir TV, numa sociedade e num cenário social e político específicos), a partir do qual haveria uma incitação ao discurso sobre "si mesmo", à revelação permanente de si, práticas que vêm acompanhadas de uma produção e veiculação de saberes sobre os próprios sujeitos e seus modos confessados e aprendidos de ser e estar na cultura em que vivem; há que se considerar ainda o simultâneo reforço de controles e igualmente de resistências, em acordo com determinadas estratégias de poder e saber, e que estão vivos, insistentemente presentes nesses processos de publicização da vida privada e de pedagogização midiática.

Escolhas no processo de operacionalização da teoria

A fim de caracterizar o que vimos chamando de "dispositivo pedagógico da mídia" e proceder ao tratamento do material empírico[51], elegemos

---

[50] Refiro-me aqui particularmente aos estudos de Arlindo Machado (1998;1996).

[51] O *corpus* de análise da pesquisa se constituiu de 66 produtos, assim distribuídos, conforme o gênero televisivo: quatro documentários (dois do GNT, uma edição do "Globo Repórter", um "SBT Repórter"); dois seriados (três episódios de "Mulher" da TV Globo; e três episódios de "Minha vida de cão" do canal Multishow); catorze comerciais: de carro, refrigerante e cigarro; dois desenhos animados (três episódios de "Tiny Toon" do Cartoon Network; um de "A Fazenda dos Quatro Caminhos" da TV Cultura/SP); dois telejornais (seis edições do "Jornal Nacional" da TV Globo e seis edições do "Jornal da Band", da TV Bandeirantes); dois programas infantis (duas exibições de "Vila Esperança", da Record, e cinco de "Angélica", da TV Globo); dois programas didáticos

algumas categorias de análise, que agrupamos em dois conjuntos principais. O primeiro diz respeito às "tecnologias do eu", e o segundo, às estratégias de linguagem televisiva. Quanto ao primeiro grupo, relacionado aos diversos modos de subjetivação em determinada formação social (cf. FOUCAULT, 1985, 1995b), consideramos todas as formas de, na TV, se produzir uma "volta sobre si mesmo"– por exemplo, as técnicas da confissão (sobre a intimidade, os erros, os desejos, a sexualidade), da culpabilização, da moralização das práticas (ou seja, as "lições de moral"), do exemplo de vida, da reflexão sobre o vivido, da autoavaliação, da autodecifração, da autotransformação (basicamente, todas as técnicas propostas de mudanças operadas sobre o corpo e sobre modos de ser, atitudes), do governo de si pelo governo dos outros (tema exaustivamente tratado por Foucault), entre outras.

Conforme Jorge Larrosa escreve em "Tecnologias do eu e educação" (1995), a produção do sujeito pedagógico está relacionada a um dispositivo que remete necessariamente a "modos de subjetivação", isto é, a práticas que constituem e mediam certas relações da pessoa consigo mesma. Nesta pesquisa, o conceito de "dispositivo pedagógico" (tratado pelo autor em relação às práticas escolares, com fundamentação no conceito de "dispositivo da sexualidade", de Foucault) foi aplicado à análise dos produtos da mídia, já que estamos supondo que esse aparato cultural teria uma função formadora, subjetivadora e, tal como a escola, estaria se valendo de certas técnicas de produção de sujeitos – voltadas para produzir sujeitos que "devem" olhar para si mesmos, se autoavaliar, refletir sobre seus atos, expor suas sensações, suas dores, seus erros, seus julgamentos. Mais do que isso: sujeitos que devem confessar sobretudo sua intimidade amorosa e sexual. Todo esse aparato das "tecnologias do eu" teria a função de produzir um intenso voltar-se sobre si mesmo, o governar-se, mas sempre atrelado ao governo do outro: nós nos confessamos para que o outro, o especialista (mesmo que seja um apresentador de TV, alçado a essa condição), nos devolva a "nossa verdade".

(três exemplares de "Nossa Língua Portuguesa", da TV Cultura/SP; dois "Telecurso 2000", da Fundação Roberto Marinho/FIESP); uma novela (três capítulos "Laços de Família", TV Globo); um programa feminino (Ver item Seriado – "Mulher"); um programa de auditório (três edições de "Erótica", MTV; duas edições de "Turma da Cultura", da TV Cultura/SP); um *talk show* (três entrevistas de "Marília Gabriela", do SBT); dois programas humorísticos (duas edições de "Vida ao Vivo Show"; duas de "Casseta & Planeta"). Os programas e comerciais, depois de gravados, foram transcritos (pelo menos para dois exemplares de cada gênero houve transcrição integral; quanto aos demais, fez-se uma seleção dos trechos a transcrever), com a reprodução das falas, diálogos e locuções, a descrição das sequências e das imagens, o registro das estratégias de edição e sonorização, anotações sobre cenografia, movimentos de câmera, utilização de cores, etc. Os programas e comerciais citados ao longo do texto correspondem a materiais gravados no período de agosto de 1998 a julho de 2000.

Quanto ao segundo conjunto, trata-se de categorias relativas à linguagem *stricto sensu* da mídia, particularmente da TV. Sua função é indicar os elementos e a construção de um tipo de sintaxe (da mídia), que, segundo hipótese desta pesquisa, poderia estar em harmonia com aquelas práticas de subjetivação. Assim, na construção do esquema de análise, definiu-se a característica da "televisibilidade" (conforme expressão de Beatriz Sarlo[52]), que, para efeito do trabalho de análise, engloba todos os recursos de roteiro, cenografia, elenco, figurino, edição e sonorização, os quais foram cuidadosamente anotados[53], na medida em que se mostraram "pedagógicos", isto é, pertinentes a técnicas de subjetivação, de acordo com o explicitado acima. A partir do registro dos recursos de linguagem e da definição de "televisibilidade", selecionamos um grupo de categorias assim discriminadas: a autorreferência (o modo como a TV fala de si mesma através de diferentes produtos); a repetição (imagens e estruturas que retornam, propiciando tranquilidade, prazer e identificação); o aval de especialistas (para a legitimação das verdades narradas); a informação didática (colocando o espectador na posição de quem deve ser cotidianamente ensinado); a opção por um vocabulário "facilitado", traduzido, especialmente quando relacionado a termos técnicos; a reiteração do "papel social" da TV (o veículo apresentando-se como denunciador dos problemas sociais e, igualmente, como fonte das soluções possíveis; em suma, como um lugar "do bem"); a caracterização da TV como *locus* da "verdade ao vivo", da "realidade" (especialmente, nas transmissões ao vivo e na busca de imagens que "reproduzam o real", mesmo em comerciais e telenovelas); a transformação da vida em espetáculo (seja nas produções ficcionais, seja nos materiais informativos *stricto sensu*); a caracterização da TV como o "paraíso dos corpos" (particularmente, dos corpos jovens e belos); a reprodução na TV de práticas e normas nitidamente "escolarizadas".

Vale dizer que tais categorias não possuem fixidez nem são universais: nas análises, elas foram tratadas em relação a outras variáveis extremamente importantes, quais sejam — as diversas modalidades de produtos televisivos, de um lado; e, de outro, a transversalidade das diferenças de gênero, classe, geração, raça e etnia, particularmente as três primeiras, como é possível visualizar no quadro a seguir.

---

[52] Essa noção é explicitada no livro *Cenas da vida pós-moderna* – intelectuais, arte e videocultura na Argentina (SARLO, 1997).

[53] Conforme explicitado na nota acima, sobre o detalhamento do *corpus* de análise e das operações realizadas com os materiais televisivos.

ESQUEMA GERAL DAS CATEGORIAS DE ANÁLISE	
Categorias referidas às "tecnologias do eu" (diferenciadas por classe, gênero, etnia, geração)	Categorias referidas à "televisibilidade" (diferenciadas por gênero televisivo)
• Confissão (dos erros, da intimidade, da vida amorosa, da sexualidade, dos desejos) • Culpabilização • Moralização das práticas ("Lições de moral") • Exemplo de vida • Autoavaliação • Autodecifração • Autotransformação: do corpo e da alma • Governo de si pelo governo do outro	• Autorreferência • Repetição • Aval de especialistas • Informação "didática" • Reprodução do senso comum de um modelo de "escolarização" • Opção por um vocabulário "facilitado" • Reiteração do papel social da TV • Caracterização da TV como lugar da "verdade ao vivo", da "realidade" • Transformação da vida em espetáculo • Identificação da TV como "paraíso dos corpos" jovens e belos
↑ Recursos de roteiro, texto, cenografia, elenco, figurino, edição e sonorização	

Cada um dos programas gravados e transcritos foi submetido a análise e discussão, com base no esquema geral das categorias acima explicitado. Buscou-se, com isso, descrever as estratégias de construção de linguagem na TV, na medida em que evidenciassem o "estatuto pedagógico" desse meio. Na análise dos telejornais, só para registrar um exemplo, alguns elementos recorrentes foram anotados e posteriormente analisados como pertinentes ao foco desta pesquisa, que se ocupa em definir o "estatuto pedagógico da mídia". Assim, observou-se que nos telejornais frequentemente pessoas simples apresentam testemunhos, de tal forma que se configuram como verdadeiras "lições de vida"; em outras ocasiões, personalidades públicas ou sujeitos anônimos confessam verdades sobre si mesmos, produzidas a partir de todo um aparato da mídia, mas que se manifestam como uma verdade especial, própria daqueles sujeitos que enunciam. Tais estratégias – tanto do ponto de vista das técnicas de linguagem quanto da informação veiculada – captam os telespectadores na sua intimidade, produzindo neles, muitas vezes, a possibilidade de se reconhecer naquelas verdades ou mesmo de se autoavaliar ou autodecifrar com relação àquele tema. Assim, recursos como a captação de imagens, os cortes, os efeitos de *zoom* e tantos outros funcionam no sentido de capturar a intimidade de um sujeito que sofre, chora, se emociona ou demonstra culpa, como se a TV pudesse, mesmo que por rápidos instantes, efetivamente penetrar na intimidade daquele que fala e, por homologia de campos (cf. BOURDIEU, 1983), também na intimidade daquele que "especta", daquele que olha.

A temática da produção do sujeito na cultura mostra-se presente em cada uma das análises dos materiais selecionados para o *corpus* da investigação, evidenciando-se fortemente o quanto nossa sociedade investe em determinados modos de conhecer a verdade dos indivíduos, de fazê-los falar de si mesmos, de constituí-los de certa forma, de "atar" comportamentos e atitudes, bem como formas de existência dos corpos sociais e individuais, a algumas "verdades" que passam a ser "nossas verdades", a verdade de cada um. Assim, a análise dos diferentes gêneros de programas, segundo a referência teórica assumida e o esquema operacional acima referido, permitiu descrever: variadas técnicas de exposição dos indivíduos; as correlatas inclusões, exclusões e atenção/desatenção às diferenças; modos de transformar vidas em espetáculo; as estratégias de confirmar a TV como *locus* pedagógico através das diferentes técnicas de falar ao sujeito individual – de que trataremos nos tópicos a seguir.

As variadas técnicas de exposição dos indivíduos

Refiro-me aqui a técnicas que olhamos e que "nos olham", na medida em que, a partir de nossa experiência com a televisão, nos convidam, nos capturam e nos ensinam modos de existir hoje, num tempo em que, como afirma Deleuze, "o poder investe cada vez mais em nossa vida cotidiana, nossa interioridade e individualidade" (DELEUZE, 1991, p. 112-113). Veja-se, a título de exemplo, como se estruturam os telejornais e os documentários, no sentido de sistematicamente localizarem em personagens individuais os diversos acontecimentos políticos, econômicos e culturais narrados, registrando e editando preferencialmente os momentos mais dramáticos de exposição de privacidade. A própria dupla de apresentadores (no caso dos exemplares analisados do "Jornal Nacional", à época,[54] William Bonner e Fátima Bernardes) se faz familiar e íntima para nós – eles constituem um casal que nos narra os fatos entrecortados por olhares mútuos, cúmplices e atenciosos: a família feliz, estruturada, "gente como a gente", nos fala de dentro da TV, e esse espaço, homologamente, também se faz privado.

Outro exemplo que pode ser citado para sublinhar a estreita relação entre as estratégias de linguagem da TV e as "tecnologias do eu" (ou técnicas

---

[54] As edições analisadas correspondem aos meses de novembro de 1998 a fevereiro de 1999.

de subjetivação), pode ser encontrado em programas de auditório dirigidos a adolescentes, como o "Erótica", da MTV. Nele, o cenário em tons de vermelho, o figurino ao mesmo tempo despojado e *sexy* da apresentadora,[55] as imagens e a sonorização da abertura, os rituais do programa (em todos os programas, a apresentadora, ao chegar, tira delicadamente os sapatos, tênis ou sandálias, antes de sentar-se sobre a cama redonda e cheia de almofadas de cetim), a intimidade com que o grupo de jovens da plateia e de casa (por e-mail ou por telefone) fala de si mesmo e de sua privacidade, a tranquilidade do médico Jairo Bouer em receber e comentar os detalhes mais diferenciados de experiência sexual do público – todos esses elementos constituidores da *performance* da apresentadora e do especialista, da roteirização do programa, da cenografia, e assim por diante – não se separam, de maneira alguma, da proposta de "formação", "educação", esclarecimento, acolhimento do jovem e do adolescente. Tal proposta, evidenciada a cada momento do programa, está relacionada também com um conjunto mais amplo de estratégias através das quais, em nossa sociedade, buscamos cotidianamente nos dirigir ao sujeito individual, indagando, curiosos, sobre o que ele faz com sua sexualidade. Essa colocação do "sexo em discurso", como refere Foucault, estaria relacionada à técnica de subjetivação fundamental: a confissão, a obrigação de se dizer tudo.

Diríamos, assim, que o propósito educativo de um programa como o "Erótica" centra-se justamente na exposição dos sujeitos, basicamente na exposição de todos os medos e inseguranças, de todas as dúvidas, pecados e transgressões – que, ao ser publicizados, são tratados no sentido de uma normalização – no sentido foucaultiano desse termo. Outro exemplo é o seriado "Mulher",[56] da TV Globo, em que temos uma rigorosa seleção de cenas através das quais diferentes personagens – homens e mulheres, sobretudo elas – têm a sua privacidade "debulhada" diante do grande público. Nesse caso, mesmo que se trate de ficção, o bordão é o mesmo; é como se ouvíssemos este apelo: "exponha sua doença, exponha sua dor, exponha seu erro, exponha seu sonho, exponha seu corpo, exponha sua pieguice, exponha, em suma, a sua 'verdade' – que 'nós' (a TV e seus especialistas) acolheremos você, ofereceremos todas as explicações e lhe devolveremos novas verdades, que logo serão suas". Da mesma forma, o "Turma da Cultura", programa educativo destinado ao público adolescente e veiculado pela TV Cultura de São Paulo,[57] embora se diferencie

---

[55] Os programas em questão (gravados em agosto e setembro de 1999) eram apresentados por Babi, anos depois apresentadora do "Programa Livre", do SBT.

[56] Seriado exibido em 1998 pela Rede Globo.

[57] Analisamos edições do "Turma da Cultura" veiculadas em dezembro de 1998.

de outras produções semelhantes de emissoras comerciais – por destinar mais tempo aos debates, às falas dos entrevistados, bem como por revelar um nível de pesquisa mais acurado no tratamento dos temas –, a rigor não foge à grande lei de "tudo se dizer": num dos programas analisados, uma ginecologista responde a perguntas do público telespectador (por telefone, fax, ou e-mail) e dos jovens da plateia, descendo aos mínimos detalhes da cor, da forma, do cheiro, da espessura do fluxo menstrual, bem como do formato dos seios, dos pelos pubianos, incitando as participantes a falar mais, sempre mais, e a confessar ao vivo para milhares de espectadores que, por exemplo, têm vergonha de falar de sexo com suas mães.

A invasão dos especialistas (correlato de todas as técnicas de exposição dos indivíduos e grupos) não é privilégio dos documentários, tradicionalmente "informados" por alguém que esclarece o espectador a respeito de determinado tema: os telejornais hoje, especialmente os diurnos e os veiculados após o chamado horário nobre, pelo fato de sempre apresentarem matérias ditas "de comportamento", jamais deixam de trazer a palavra especializada do médico, do engenheiro, do advogado, do economista, e assim por diante; da mesma forma, os *talk shows*, os programas vespertinos (como o de Sílvia Popovic, da Rede Bandeirantes) e as próprias telenovelas (veja-se a importante presença do médico e do psicólogo no tratamento do personagem Viriato, de "Laços de Família",[58] da Rede Globo). De forma mais insistente, os programas destinados à "educação sexual" dos jovens e adolescentes, como o "Erótica", veiculado pela MTV, não prescindem do conhecimento especializado oficial (no caso, do médico) – e acrescentam outra voz autorizada a falar sobre afeto e sexualidade: a voz da própria apresentadora de TV.

Até mesmo os programas humorísticos, como um dos que analisamos – "Vida ao Vivo Show"[59] (Rede Globo) –, nos autorizam a falar nessa tendência que mistura uma insistente incitação ao depoimento das verdades mais íntimas dos indivíduos – sejam eles personalidades públicas, sejam eles pessoas comuns, sejam eles personagens de um esquete humorístico: no programa em foco, em uma de suas exibições, intitulada "Maluco é você", o ator Luís Fernando Guimarães, no papel dele mesmo, entrevista Pedro Cardoso, o qual interpreta um homossexual que supostamente teria se "convertido", voltando à heterossexualidade. É evidente nesse quadro a paródia aos programas de entrevistas e à prática de buscar "toda a verdade" daquele que "errou", que quer se transformar, diante de um suposto saber, no caso, do saber do jornalista, do entrevistador, que vai conduzindo todas

---

[58] Novela das oito exibida durante o ano 2000.

[59] Programa humorístico exibido às terças-feiras, durante o ano 1998.

as respostas, de modo que o entrevistado (e o espectador, por homologia de campos, conforme nos diria Bourdieu) gradativamente assume a "escrita" do outro que o constitui (no exemplo, o entrevistado acaba por assumir que, na verdade, sua verdade mais íntima, ele jamais deixou de ser homossexual). Essa relação entre confessor e especialista é apanhada pelas palavras efetivamente ditas, pela entonação das vozes, pelos olhares cúmplices e por vezes autoritários, pela posição dos atores e personagens em cena, pela sonorização, e assim por diante.

Nós nos perguntamos, a partir da análise desses programas, não exatamente sobre a validade ou não de a TV informar adolescentes ou outros públicos específicos (como as mulheres) sobre sua sexualidade, por exemplo, mas sobre a insistência em "tudo falar", contraposta a outras formas possíveis de produção de subjetividades. No Brasil, Jurandir Freire Costa, um dos estudiosos de Foucault que mais tem investido em pesquisar e refletir sobre esses modos contemporâneos de subjetivação, alerta para a "exposição sistemática da intimidade ao olhar de todos", sem que isso venha a se tornar um "bem comum", ao contrário do que ocorria entre os gregos clássicos, em que a singularidade do sujeito estava ligada aos investimentos que ele fazia no sentido de se aperfeiçoar (através das "tecnologias do eu") e atingir uma espécie de excelência na vida pública, como cidadão diferenciado na *polis* (cf. COSTA, 1999, p. 117 e ss.).

Um conjunto de modalidades de fazer os sujeitos falarem: inclusões, exclusões e diferenças na TV

Em estreita relação com o tópico anterior, este trata basicamente da importância da intermitente fala confessional das pessoas comuns, dos personagens, dos apresentadores de TV, dos entrevistados, das pessoas públicas e famosas. A exposição aqui se refere ao entendimento de que a verdade será tão mais verdadeira quanto mais exaustivamente for falada, como se houvesse sempre algo a buscar "no fundo" dos indivíduos, como se eles escondessem tesouros que cotidianamente devem ser abertos à vitrine pública da TV. Para quê? Para que todos nós nos tornemos melhores e façamos o bem a quem nos vê e ouve? Segundo Jurandir Freire Costa, a confissão permanente que hoje tanto valorizamos está atrelada a uma concepção de autenticidade – seria autêntico aquele ou aquela que "tudo diz", em oposição àquele que oculta, atitude compreendida, assim, como negativa (COSTA, 1999, p. 69-76).

Ora, o que vemos no material analisado é que, dentro desse novo código moral, prolifera – nos programas para adolescentes, para mulheres, para crianças inclusive, sejam programas de ficção, sejam informativos, sejam *talk shows*, sejam inclusive peças publicitárias – um sem-número de cenas enunciativas cujo tom é exatamente o de uma busca de felicidade que seria alcançada pelo gesto tornado já corriqueiro de se dizer tudo que se sente e pensa, sem qualquer preocupação com as consequências dessa prática. Com efeito, aprendemos através da TV e, seguramente, não só através dela, que "falar tudo" é em si bom e desejável, e que o direito ao silêncio ou ao segredo começa a ser identificado negativamente com ocultação, talvez até com hipocrisia e mentira (COSTA, 1999, p. 69-76).

Na análise de diferentes comerciais e programas (telejornais, *talk shows*, telenovelas, programas humor, documentários), observam-se múltiplos modos de a mídia (no caso, a TV) fazer falar, por exemplo, a mulher (jovem, adulta, idosa, doente, criminosa, famosa, simples, de classe trabalhadora, etc.), e os modos de fazer falar os homens, também nessas diferentes condições. Considerando o *corpus* selecionado, seria possível dizer que, nas análises que fizemos, despontam alguns resultados interessantes a respeito: haveria uma relativa predominância da mulher como protagonista de inúmeras e diferenciadas formas de confissão nas telas da TV. Comparativamente aos homens, as mulheres estão mais presentes na televisão como sujeitos-falantes-confessantes. A pesquisadora Dominique Mehl também observou o mesmo em suas investigações: segundo ela escreve na conclusão de seu livro, a "televisão da intimidade" é sobretudo a televisão da mulher, que cada vez mais se exibe em sua privacidade, muitas vezes até como voluntária, aberta ao voyeurismo de nossa cultura, disponível à publicização de todas as formas de busca identitária fundada nas relações pessoais, nas trocas, nas práticas de comunicação e argumentação (MEHL, 1996, p. 229 e ss.).

Nos *talk shows*, como o de Marília Gabriela, veiculado pelo SBT,[60] em várias ocasiões acompanhamos a apresentadora tentando "dissecar" a vida de mulheres que se tornaram famosas na mídia brasileira, como Carla Perez, Gretchen ou Suzana Alves, a "Tiazinha": o sucesso do programa é tanto maior quanto mais minuciosas forem as falas sobre a vida privada, os "erros" cometidos no passado, a confissão do arrependimento, os percalços da fama na vida cotidiana, a soma de dinheiro alcançada, etc. No entanto, para além da quantidade de coisas ditas, importa observar na análise todos aqueles cruzamentos propostos – considerando as diferenças de classe, de situação social, de nível de informação. Assim é que temos na televisão algumas "leis" como esta: das mulheres que, mesmo famosas, um dia foram pobres e detêm um capital cultural e social baixo (conforme nos ensina Bourdieu), pode-se impiedosamente cobrar, como Marília Gabriela o faz (ao entrevistar, por exemplo, a "Tiazinha"), todas as confissões sobre a

---

[60] Analisamos dois programas exibidos em outubro de 1998 e um exibido em fevereiro de 1999.

vida amorosa, sobre eventuais expedientes utilizados para "subir na vida" e assim por diante, ficando claro para o telespectador que se trata de uma mulher das camadas populares que ali está; os gestos captados, sobretudo a expressão oral, a construção das frases, a resposta às vezes embaraçada às perguntas irônicas e agressivas, os olhares inquisidores daquela que detém o controle do discurso e do lugar (a TV) de onde se fala, os tons de voz da entrevistada e da entrevistadora — todo esse conjunto enunciativo expõe, no caso dos exemplos citados, uma mulher de determinada idade, origem social, com este ou aquele capital cultural e econômico, de tal etnia, e assim por diante. E a expõe de determinada maneira, a partir de determinadas valorações e julgamentos.

Ou seja, não há um tipo-padrão de confissão; mas talvez o que esteja presente aí seja uma norma que estamos aprendendo em nossa cultura — a de que se tornou impossível dizer não "à ordem cultural de confessar", como escreve Jurandir Freire Costa. E isso tem consequências consideráveis para o campo da educação. Vejamos. A TV faz circular discursos que grassam na sociedade mais ampla, mas que nesse lugar (a televisão) recebem um tipo de tratamento de linguagem específico — e que é objeto deste estudo. Assim, seguindo Costa, enunciados como o de que confessar a intimidade sentimental significa expor algo até então dissimulado, portanto, aceder a um tipo de verdade escondida; ou então o de que nos tornamos "totalmente transparentes à nossa consciência e à consciência do outro"; e, ainda, o de que a "minha verdade" é mais importante do que "a verdade da sensibilidade do outro à dor e à humilhação" (COSTA, 1999, p. 70-71) — reforçam um tipo de mito racionalista e um tipo de individualismo que talvez mereçam maior atenção, particularmente dos educadores.

A continuação desta pesquisa,[61] aliás, tem como uma de suas perguntas justamente esta: como, na formação dos professores, seria possível instrumentalizar os docentes em exercício ou em formação para uma leitura dos diferentes alvos da mídia, no sentido da construção de identidades — já que todas as técnicas e procedimentos de "fazer falar", nas diversas formações sociais, antes de simplesmente aliviarem o falante de seu suposto sofrimento, vão produzindo, ali mesmo, no exercício daquela prática, identidades inventadas culturalmente. Assim, sobre o exemplo acima apresentado, pode-se afirmar que se trata da construção (ou do reforço) de uma identidade culpabilizada de mulher — aquela que, tendo vindo "do nada", hoje se tornou rica e alvo das atenções da mídia; nessa construção, sublinha-se o sentimento de uma "ignorância" e de uma "pobreza

---

[61] Em agosto de 2000, passamos a dar continuidade à investigação desse tema na pesquisa "Subjetividade feminina e diferença no dispositivo pedagógico da mídia".

de espírito", características de um corpo e de uma história expostos em canal aberto de TV, para milhões de espectadores. Mesmo que se saiba o quanto são inúmeras e variadas as leituras do que é veiculado pela mídia, há que considerar não só os efeitos da repetição e da redundância da linguagem televisiva (quantas vezes não estamos diante de entrevistas desse tipo?), a multiplicação em várias outras instâncias sociais de enunciados como o referido acima e ainda a acolhida (ou a resistência) em relação a esses mesmos "ditos".

Entra em questão aqui uma discussão teórica e política da maior importância em nossos dias: a questão relativa ao respeito às diferenças, ao reconhecimento e acolhimento das diversidades, à crítica aos racismos e discriminações de todas as ordens, de exclusões e inclusões, individuais e grupais – e que de alguma forma está presente em praticamente todas as análises parciais dos programas e comerciais de TV, do presente trabalho. Concordamos com Homi Bhabha (1998) quando afirma que a cultura é um problema na medida em que "há uma perda de significado na contestação e articulação da vida cotidiana entre classes, gêneros, raças e nações" (BHABHA, 1998, p. 63), e que, portanto, tal problema deve ser teorizado justamente aí, no que respeita às lutas por imposição de sentido. Essa discussão teórica nos interessa aqui porque, ao cruzar as categorias de análise, apontamos para inúmeras diferenciações nos modos de constituir sujeitos homens, sujeitos mulheres, sujeitos jovens, sujeitos trabalhadores, a partir de sua participação nos programas e comerciais. A insistência, por exemplo, com que a mídia se dirige ao público jovem e adolescente, particularmente às mulheres desse grupo etário, pode e deve ser analisada na amplitude das questões que esse fato abarca – no caso desta pesquisa, buscamos justamente analisar e descrever as estratégias de linguagem para falar a esses públicos e compreender quais enunciados aí se produzem, no sentido da produção de identidades sociais e individuais (por exemplo, femininas), no interior do que aqui denominamos "estatuto pedagógico da mídia".

Para Homi Bhabha, autor de *O local da cultura*, o conceito de diferença cultural é fundamental, na medida em que a diferença aí é vista como uma forma de enunciação da cultura, ou seja, como um processo bastante complexo de significação – através do qual se produzem afirmações a respeito das diversas culturas, grupos sociais, minorias, enfim, dos "diferentes", as quais por sua vez constituem e engendram diferenças e discriminações, ao mesmo tempo que estão na base da articulação de relações de poder e de práticas sociais muito concretas, de institucionalização, de dominação e de resistência. Assumir esse ponto de vista traz certamente implicações teóricas, metodológicas e políticas da maior importância. Para o caso de nossa pesquisa, supomos que esse seria um tópico a ser mais bem desenvolvido, e é o que pretendemos fazer na continuidade de nossas investigações.

Vidas e sujeitos feitos espetáculo do consumo

Dentre os comerciais analisados, um deles, da Pepsi-Cola,[62] apresenta uma sequência que envolve dois personagens: uma jovem mãe (de roupão branco e cabelos sensual e displicentemente semipresos) e seu bebê (também vestido de branco, saudável e de faces rosadas), em perfeita sintonia, marcada pelos sons típicos de bebê e uma trilha sonora sugerindo tranquilidade e harmonia. Esse idílio mãe-filho é interrompido pelo choro, pelo desconforto – segundo a narrativa, pelo fato de a mãe ter oferecido o peito esquerdo e a criança desejar o outro seio. Quando a mãe enfim oferece o seio "desejado", o locutor em *off* sublinha para o espectador: "A primeira grande descoberta de todo ser humano (pausa, música em destaque) é que ele tem escolha! (Pausa) Pepsi, a escolha da nova geração!". Esse mesmo texto oral é reforçado graficamente, na tela, abaixo do nome Pepsi. Talvez uma das características mais importantes e presentes nos programas televisivos seja exatamente esta: fazer da vida um espetáculo. Mas não qualquer espetáculo. Nele há que haver corpos jovens, limpos, belos. Há que haver sonoridades harmônicas, trilhas sonoras que pontuam vozes humanas e enunciados sobre consumo. Há que haver o governo das nossas vontades e desejos mais íntimos, mais privados. Conceitos, como o de escolha, nesse exemplo, recebem um sentido unidimensional: saber escolher o seio "certo" e acalmar-se equivale a escolher o refrigerante da "nova geração".

Na outra ponta de uma análise como esta, podemos trazer o documentário de João Moreira Salles ("Notícias de uma guerra particular"[63]), aliás, filme premiado e tornado polêmico recentemente, por um suposto envolvimento ilícito entre o diretor do filme e um dos traficantes entrevistados, conhecido como Marcinho VP. Ali também a vida seria tornada espetáculo, como nos comerciais? Sem desconsiderar o caráter de denúncia e de informação importante – sobre as complexas relações econômicas, sociais e de poder que concorrem para uma realidade como a da violência e da precariedade das vidas de grupos envolvidos com o tráfico de drogas no Rio de Janeiro –, há que mostrar o quanto esses dois mundos, o das belas imagens da publicidade e o da crua vida dos traficantes nos morros e favelas do Rio, curiosa e violentamente se encontram: "Marcinho VP",

---

[62] Comercial veiculado durante o primeiro semestre de 1999.
[63] Filme-documentário exibido pelo canal GNT, dia 12 de janeiro de 1999.

o traficante, indagado sobre as motivações de gestos radicais como o de tirar a vida a uma pessoa, responde que deseja um par de tênis Nike... Um bebê "escolhe" mamar Pepsi desde a mais tenra idade; um jovem das camadas populares "escolhe" um par de tênis importado e, para tanto, "escolhe" o crime como forma de vida. E a TV? Ela narra, ela tece essas histórias, seleciona estratégias de linguagem pelas quais edita vidas, aponta caminhos, ensina modos de ser, espetaculariza o humano, a qualquer preço.

Múltiplas estratégias de identificação da TV como locus pedagógico

Para além das explícitas formas de a mídia brasileira hoje se apresentar como "sinceramente" preocupada com a educação da população, particularmente dos mais jovens e aqueles das camadas populares (vejam-se as campanhas "Brasil 500 anos" ou "Criança Esperança", das Organizações Globo, com a participação de atores e atrizes famosos defendendo "educação para todos"), atentamos, nesta análise, para as mínimas estratégias de a televisão – através dos mais diferenciados gêneros de programação – se afirmar como o grande lugar de educar, de fazer justiça, de promover a "verdadeira" investigação dos fatos (relativos a violências, transgressões, crimes de todos os tipos) e ainda de concretamente "ensinar como fazer" determinadas tarefas cotidianas, determinadas operações com o próprio corpo, determinadas mudanças no cotidiano familiar e assim por diante.

Interessa-nos aqui registrar, descrever e analisar tais estratégias (de linguagem) que, conforme nossa hipótese, têm um papel decisivo na produção e veiculação de sentidos que, por sua vez, estão na base da constituição dos sujeitos, de identidades individuais e grupais. Buscando um exemplo já citado acima – do programa "Turma da Cultura" –, verificamos que a TV (talvez, neste caso, por se tratar de uma TV de caráter educativo-cultural, este elemento fique mais visível ainda) incorpora por vezes o "legítimo" papel de mãe-educadora; no caso do programa em questão, uma ginecologista se dirige maternal e professoralmente às adolescentes consulentes, repetindo à exaustão um sem-número de palavras no diminutivo ("catarrinho", "muquinho", "tetinha", "maminha", "pelinho enroladinho", etc.) Ou seja, algumas vezes mais explícita nesse papel (como no exemplo citado, da TV Cultura), outras vezes sem qualquer sutileza, considerando o gênero de programa (é o caso do programa "Mulher", da TV Globo, com suas médicas-professoras, recitando suas definições de doenças e respectivos tratamentos) – o fato é que a TV, paulatinamente, vem ocupando um lugar mais amplo do que aquele original, de basicamente informar e divertir. Agora, o papel social desse veículo se amplia e se reveste de uma "seriedade" antes desconhecida. Qual o alcance desse papel? Em que medida ele interfere em outros campos, como o das práticas pedagógicas escolares?

A ideia de que o telespectador – no exemplo acima, a mulher adolescente, no "Turma da Cultura" – é alguém que deve ser "educado", através da TV e de seus especialistas, torna-se cada vez mais presente nos produtos que a televisão brasileira veicula. O interessante é verificar o quanto esse meio assimila os princípios mais conservadores e tradicionais do que, durante muito tempo, se entendeu que seria "educar"; no caso do exemplo acima, o tom com que a ginecologista se dirige às adolescentes, referindo-se ao corpo feminino sempre no diminutivo, é apenas um dos muitos momentos de materialização dessa prática. Os comerciais de detergentes e sabão em pó – aliás, tema de uma brilhante análise de Roland Barthes (1980) em *Mitologias* – poderiam ser colocados nesse mesmo conjunto de produtos cuja linguagem se constrói no sentido de constituir a figura feminina (apesar de todas as lutas e conquistas no que se refere ao papel da mulher) como eternamente em falta, no diminutivo, capaz de ocupar-se séria e profundamente com a descoberta de um produto que torne suas roupas absolutamente brancas.

Já referimos o quanto há um cruzamento entre as funções da escola e as funções que a TV assume cada vez mais no cotidiano dos espectadores brasileiros. Um programa como "Nossa Língua Portuguesa"[64] (TV Cultura de São Paulo), apresentado pelo Professor Pasquale, pode trazer para o estúdio um cantor, um compositor, um jogador de futebol, entrevistá-los, apresentar o trecho de uma música bem popular, como a de um grupo de *rap*, falar do lançamento de um livro, explicar o que significam expressões populares como "fazer das tripas coração", ensinar como se constroem em nossa língua os diminutivos e responder a uma criança que, ao microfone, pergunta "o que é predicado do sujeito". Lições de análise sintática são tornadas jornalismo, o conhecimento escolar se faz ameno e descontraído, o professor aparece e desaparece, para dar lugar ao animador de TV, que tenta se fazer muito mais próximo "de mim", de cada um de nós em nossas casas, talvez mais próximo do que alguns professores no cotidiano das salas de aula deste País. Há nesse programa toda uma encenação, todo um modo de olhar e de modular a voz, por parte do professor, que se faz íntimo e ao mesmo tempo assume, gradativamente (inclusive para além da emissora de TV, como homem público), o papel de ídolo, de *show man*, de astro da mídia. Facilita-se o vocabulário (aqui e nos telejornais), se faz da TV o lugar de "realidade" (no caso, de realidade escolar) e se transforma essa vivência (a da escola) em espetáculo.

---

[64] Fizemos a análise de dois programas da série, veiculados em setembro de 1998 (dias 10 e 17) e de um veiculado em novembro do mesmo ano (dia 28).

Os programas infantis analisados ("Angel Mix", da Rede Globo e "Vila Esperança", da Record)[65] igualmente se mostram atrelados ao linguajar e às práticas didáticas escolares, como se fosse impossível se dirigir às crianças sem fazê-las sujeitos na incompletude, sujeitos em falta, em suma, sujeitos aprendentes, marcados pela pedagogia escolar, que "deve" se perpetuar inclusive nos horários de lazer. Perguntas e respostas a respeito de algumas inúteis e clássicas informações típicas da escola ("Quem descobriu o Brasil?") se mesclam a ensinamentos "passo a passo" sobre como fazer uma dobradura em papel ou à explicação sobre características de um animal como o orangotango. Recursos dos mais sofisticados, em termos de linguagem televisual, são colocados à disposição de todos esses "ensina-fragmentos" que transformam a TV numa filial da escola, no seu sentido mais pobre, a constituir meninos e meninas como sujeitos eternamente destinados a se exercitar, a saber o que se lhes é destinado a saber.

A partir de toda a discussão foucaultiana a respeito da constituição dos sujeitos na cultura – que se processa através de dispositivos de poder, saber e produção de sujeitos –, colocamos no centro do debate a televisão como *locus* privilegiado de veiculação, reforço e também produção de certas maneiras de ser e estar no mundo hoje. Confirma-se, através deste estudo, a hipótese de que na própria materialidade discursiva da televisão vivem e transpiram práticas e saberes atrelados a sofisticadas relações de poder, os quais participam efetivamente da produção de sujeitos, da constituição de identidades de criança, menino, menina, mulher, homem, aprendiz, negros, índios, jovens e adultos, brancos, operários, médicos, traficantes, modelos, artistas e assim por diante.

O comercial e o educativo: a linguagem da TV marca discursos e sujeitos

As marcas de televisibilidade – conforme conceito explicitado anteriormente – se mostram evidentes em praticamente todos os produtos analisados, sejam eles comerciais, sejam eles programas classificados como explicitamente educativos. E a tendência, embora se considerem as especificidades de cada programa, é que a linguagem dos anúncios publicitários se torne uma espécie de matriz de um tipo de linguagem, presente nos mais variados gêneros de produtos televisivos.

---

[65] Foram gravados e estudados cinco programas "Angel Mix" (veiculados nos meses de março, abril e maio de 2000); quanto ao "Vila Esperança", analisaram-se duas edições veiculadas em dezembro de 1998.

Assim, o programa "Nossa Língua Portuguesa", da TV Cultura de São Paulo, em princípio identificado como educativo-instrucional, como já referimos anteriormente, procura se apresentar cada vez mais próximo de uma linguagem "comercial", publicitária, coloquial, em que a música, o videoclipe, o *talk show* intimista se incorporam à informação didática *stricto sensu*. Em outro programa didático-instrucional, da série "Telecurso 2000",[66] da Fundação Roberto Marinho, encontramos uma aula de História, cujo tema era referente à cultura indígena: nela dois personagens populares, simpáticos, uma dupla que faz a pontuação da narrativa nos vários programas da série, mesclavam-se a repórteres e entrevistados, em locais como o Museu do Índio, do Rio de Janeiro, deitavam-se em redes e bebiam água de coco – identificados, assim, com a "cultura indígena" (*sic*) – numa sucessão de cenas em que basicamente se buscava a reprodução e a mistura de outros gêneros televisivos (no caso, programas jornalísticos do tipo "Globo Repórter" e as próprias telenovelas), dirigidas para a "facilitação" da comunicação didática.

Essa *mélange* de gêneros televisivos foi analisada no trabalho com o objetivo de evidenciar certos modos de se produzir uma televisão que é consumida no Brasil, modos de construir linguagens, de definir o que é educativo e especialmente de produzir e formar o sujeito espectador, no sentido da constituição de tipos de identidades e de formas de subjetividade. O programa instrucional aqui referido se constitui exemplo típico do que vimos afirmando acima: a separação entre o ficcional e o jornalístico, entre o produto de entretenimento e o produto direcionado à informação didática, enfim, as distinções entre os gêneros televisivos, tudo isso tende a se desfazer, em função de uma sobreposição de linguagens e das estratégias de captação dos diferentes públicos – o que, a meu ver, está diretamente relacionado às diversas formas de a TV se repetir, conforme apontado por Beatriz Sarlo, quando se refere à marca de uma "televisibilidade", presente no conjunto das programações das emissoras.

A análise deste item aponta para conclusões interessantes, que remetem ao que estamos chamando de "pedagogização da mídia" – de um lado, a transformação da TV comercial num *locus* privilegiado de "ensinar", de "formar", de nos convidar a fazer nossa vida, nosso cotidiano, de "certo modo"; de outro lado, a força de determinado tipo de estratégias de linguagem (incluindo aí desde as opções de temáticas, de construção de roteiros até a seleção de apresentadores ou atores e atrizes e a escolha de figurinos e cenografia, movimentos de câmera e técnicas de edição), que incorporam a lógica da repetição, a velocidade sempre maior na

---

[66] Referimo-nos aqui à Aula nº 5, de História para o 1º Grau, veiculada durante 1998.

apresentação dos fatos, pessoas e acontecimentos, a insistente publicização da vida privada, o elogio da vida e da morte como espetáculo, a recorrência circular da mídia em relação à própria mídia, o recurso ao sentimentalismo e à exposição reiterada de corpos jovens e dentro de um certo padrão de beleza, a redundância da informação (cf. FISCHER, 1997, p. 71). Diríamos que, dentro dessa lógica, evidencia-se a construção de uma cultura saturada de imagens e informação – tema desenvolvido com grande originalidade pela psicanalista e semióloga Julia Kristeva (1993) –, no interior da qual emerge um problema crucial, particularmente para o campo da educação: como "educar" para a seleção, a hierarquização ou a escolha de informações?

Conclusão

Pretendemos, com a discussão feita neste artigo, expor um modo de analisar produtos televisivos, centrando a atenção em alguns "achados" de pesquisa sobre as relações entre educação e mídia. A partir do "modelo" de análise utilizado, propõe-se uma estratégia de investigação segundo a qual não se faz uma separação entre a teoria (no caso, a respeito do que vimos denominando "dispositivo pedagógico da mídia") e a forma de tratamento do objeto empírico (a análise dos programas de televisão). Da mesma forma, não se propõe, na análise feita, uma separação entre forma e conteúdo – prática bastante comum em análises apressadas dos meios de comunicação, especialmente na área da educação, as quais privilegiam, sobretudo, o que se convencionou chamar de "mensagem", em detrimento de uma abordagem de todas as estratégias de linguagem que, vimos neste texto, não se divorciam do que "é dito" – são, ao contrário, constitutivas dos próprios enunciados.

Em outras palavras, diríamos que as análises dos produtos da mídia, para dar conta da complexidade das práticas culturais, requerem uma harmoniosa articulação entre determinado foco teórico mais amplo e a abordagem dos materiais empíricos. Assim é que buscamos articular, no caso da pesquisa aqui referida, a concepção de "processos de subjetivação" na cultura e, mais especificamente, o conceito de "dispositivo pedagógico", como também a concepção de "televisibilidade" – com os modos de aproximação, seleção, registro, organização e categorização dos dados empíricos, ou seja, com a própria materialidade dos produtos televisivos. Dessa forma, chegamos a um esquema de análise que enfatiza estratégias muito claras de produção do sujeito na cultura, as quais de certa forma se "materializam" em cada um dos detalhes de criação dos programas de TV. Fundamentados na obra *A arqueologia do saber*, de Michel Foucault, entendemos que a análise dos discursos deve contemplar a materialidade das coisas ditas, ou seja, deve se debruçar sobre a concretude das coisas ditas, das cenas enunciativas, dos mínimos lugares de produção e veiculação de enunciados, que funcionam como verdade numa determinada formação social.

Em termos práticos, penso que o esquema de análise aqui apresentado sugere – em relação a uma área que nos interessa sobremaneira, a da formação dos professores para o trabalho com a mídia no cotidiano da escola – que se promova a apropriação efetiva, por parte dos docentes em exercício ou em formação, dos diferentes recursos de linguagem, utilizados na criação de programas e comerciais de TV. A "decupagem" dos materiais, isto é, a transcrição completa dos textos e imagens, a sinalização das sequências, dos encadeamentos e dos principais "momentos" da peça analisada, na pesquisa aqui referida, mostraram-se fundamentais para ultrapassar aquelas análises muitas vezes meramente ideológicas, pelas quais nos aventuramos a buscar "o que está por trás" das enunciações, como se elas escondessem enunciados ao invés justamente de evidenciá-los. Tal trabalho de aproximação e de intimidade com os materiais televisivos produziu exatamente o que pareceria ser o oposto dessa tarefa: um progressivo distanciamento e também um maior domínio sobre aquilo que vemos – que, como assinala Didi-Huberman (1998), é também "o que nos olha".

E o que vemos e o que nos olha, na cultura contemporânea, conforme as análises que vimos fazendo, colocam no centro dos debates não apenas algumas formas de fazer televisão, de capturar espectadores, de constituir sujeitos ou de ampliar os espaços de "educação" na sociedade. Mais do que isso, o que vemos e o que nos olha na TV parece confirmar o que grandes pensadores, como Hanna Arendt, Richard Sennet, Christopher Lasch e, aqui no Brasil, Jurandir Freire Costa e Sérgio Adorno, entre tantos outros, já têm anunciado: configura-se em nossos tempos uma progressiva transformação do espaço e do debate públicos; estes se apoiam bem mais nas experiências singulares, particulares, nas emoções, no exemplo e no sucesso individual, no elogio narcísico do corpo e da narrativa do "eu", no controle dos gestos mínimos, na vigilância de uma sexualidade sempre incitada – do que nas práticas políticas mais amplas ou nas experiências solidárias abertas ao outro e ao diferente, para além do reduzido espaço individual. A pedagogia da mídia parece nos contar essa história. Apesar de toda a força hegemônica de tal narrativa, apostamos no fato de ser construída e, como tal, de trazer em si mesma a possibilidade de ser diferente do que é.

Capítulo 7
O visível e o enunciável: contribuições do pensamento foucaultiano aos estudos de comunicação[67]

Neste texto,[68] discuto a contribuição do pensamento de Michel Foucault para investigações que articulam os campos da comunicação e da educação. O objetivo é problematizar as noções foucaultianas de saber, poder e subjetivação, no âmbito dos estudos de comunicação, a partir do conceito de dispositivo; mais especificamente, a partir do que temos denominado, no interior de recentes pesquisas, de "dispositivo pedagógico da mídia".

Proponho que a obra de Foucault mostra-se extremamente rica e produtiva para as ciências humanas e sociais, na medida em que, em primeiro ligar, nos mobiliza a questionar práticas de pesquisa centradas muitas vezes numa suposta soberania do sujeito, bem como na análise das representações (sejam as representações "presentes" nos próprios textos midiáticos, sejam as representações capturadas junto aos chamados "receptores"). No lugar desse tipo de análise, encontra-se no autor a sugestão de uma possível proposta metodológica, pela qual possamos dar conta do visível e do enunciável, nos textos, sons e imagens dos meios de comunicação, de modo a articular práticas discursivas e práticas não discursivas relacionadas a determinados "sintomas" da cultura contemporânea, tematizados nos meios de comunicação.

Estudar materiais da mídia e respectivas práticas de veiculação e recepção, ao modo foucaultiano, diz respeito à produção de pensamento

---

[67] Texto originalmente publicado em *Verso e Reverso*, São Leopoldo (RS), v. XIX, n. 40, p. 1-17, 2005, sob o título "O visível e o enunciável no dispositivo pedagógico da mídia: contribuições do pensamento de Foucault aos estudos de Comunicação" <http://www.versoereverso.unisinos.br/index.php?e=4&s=9&a=34>.

[68] O texto corresponde ao trabalho apresentado no *Seminário Internacional Foucault – Perspectivas* ("Simpósio I, Foucault e a comunicação", coordenado pela professora Beatriz Marocco). O seminário foi realizado na UFSC em Florianópolis (SC), 22 a 24 de setembro de 2004, sob a coordenação geral da Universidade do Estado de Santa Catarina (UDESC).

sobre o que se pode ver e o que se pode dizer numa determinada época, sobre continuidades e descontinuidades das coisas ditas em certo tempo e lugar, sobre modos de subjetivação desviantes e modos capturados pelas redes de poder e saber. A título de exemplificação, apresento neste trabalho resultados de algumas pesquisas sobre a relação entre mídia e juventude.

O que se vê e o que se fala na mídia: que enunciados? Que visibilidades?

A obra de Foucault é aqui o ponto de partida, mas não poderia deixar de referir pelo menos dois outros autores em que me apoio: Gilles Deleuze e Paul Veyne. Em ambos, encontro elementos fundamentais para pensar a historicidade do ver e do falar midiáticos, a partir de Foucault. O objetivo é oferecer ao debate elementos de uma proposta metodológica[69] para investigações que tenham como centro de atenção os produtos da mídia, particularmente da televisão: minha sugestão é que se faça uma análise do discurso (no caso, da mídia), atentando para as práticas discursivas e não discursivas em jogo no complexo processo de comunicação que se opera entre criadores, produtores, atores, técnicos de todos os níveis, e os espectadores, nas mais distintas situações e condições de recepção. Mais do que isso, proponho que nessa análise do discurso se busquem os enunciados de certos discursos, de certos regimes de verdade, próprios de uma época, produzidos, veiculados e recebidos de formas muito específicas, que falam de certo tempo e lugar, que falam de determinadas relações de poder, que produzem sujeitos de certa forma.

Interesso-me especialmente pelos enunciados daquelas discursividades que tenham presença ou repercussão significativa no campo da educação: refiro-me a determinados modos de existência propostos na mídia a crianças, a jovens, a educadores, modos que não se separam de modos de enunciação, de práticas de linguagem, de celebração de certas verdades tornadas hegemônicas. Em algumas pesquisa, como a intitulada "Mídia, juventude e reinvenção do espaço público",[70] procurei articular

---

[69] Convém assinalar que, neste texto, valho-me de trechos do artigo intitulado "Problematizações sobre o exercício de ver: mídia e pesquisa em educação", publicado na Revista Brasileira de Educação da ANPEd – Associação Nacional de Pós-Graduação e Pesquisa em Educação (FISCHER, 2002b); e o capítulo "Verdades em suspenso: Foucault e os perigos a enfrentar", publicado no livro *Caminhos Investigativos II* (FISCHER, 2002c).

[70] Para essa pesquisa, foram selecionados seis grupos de recepção, todos em Porto Alegre (RS): alunos de Ensino Médio de uma escola particular, estudantes de uma escola pública estadual e uma federal; alunos de uma escola pública de EJA, destinada a jovens e adultos não escolarizados na idade regular,

essas três dimensões – da análise dos enunciados, da fala dos jovens e da problematização em torno de "sintomas" de nossa cultura, que não se separam na pesquisa (na construção do problema, no levantamento dos dados, na conversa teórica sobre o visível e o enunciável do que circula nos meios de comunicação).

Como escreveu Foucault (1986) em *A arqueologia do saber*, os discursos não confrontam nem associam realidade e língua, léxico e experiência, nem devem ser vistos como conjuntos de signos que aí estão para remeter a este ou àquele conteúdo, a esta ou àquela representação. Os discursos são sempre práticas que efetivamente "formam os objetos de que falam" (FOUCAULT, 1986, p. 56), e não se reduzem a um conjunto de "falas", de imagens ou de textos que selecionamos para analisar. Poderíamos dizer que os enunciados de um discurso seriam uma espécie de lugar de chegada de um trabalho minucioso do pesquisador, na medida em que ele buscará descrever os diversos modos pelos quais o social é tecido discursivamente. Estamos falando aqui do social como constituído e ao mesmo tempo como constitutivo da linguagem, e do discurso como imerso por definição em relações de poder. Descrever enunciados de um discurso é apreender esse mesmo discurso como acontecimento, como pertencente a certa formação discursiva (o discurso pedagógico do século XIX, por exemplo; o discurso feminista dos anos 1960; o discurso da medicina nos seus diferentes momentos e assim por diante), como ligado a um regime de verdade e ainda como diretamente relacionado à constituição de sujeitos individuais e sociais.

Ora, quando proponho que se faça uma análise do discurso da mídia que dê conta do discursivo e do não discursivo, estou me referindo a uma opção investigativa que se ocupe do visível e do enunciável de determinados discursos veiculados na mídia contemporânea; ou seja, considerando os diferentes níveis de uma análise de produtos televisivos, imagino que seja possível descrever certos discursos de nosso tempo, numa operação que faça emergir a complexidade do que tenho chamado de "dispositivo

em geral trabalhadores; um grupo de alunas do curso de Pedagogia e uma turma de calouros de Comunicação Social, ambos da UFRGS. Ocorreram ao todo 25 encontros (2003-2004), com exibição de trechos dos programas de TV, no início dos trabalhos. Optou-se por alternar vários gêneros de programas televisivos: um *reality show*, três materiais ficcionais (novelas e minisséries), três matérias jornalísticas de telejornais, um programa especial da MTV (sobre participação política); dois comerciais de refrigerante; um programa de debates para jovens. A seleção teve como objetivo também contemplar diferentes temáticas e abordagens de questões relativas ao objeto central da pesquisa, qual seja, o modo pelo qual a mídia televisiva tem construído narrativas a respeito do jovem, de sua relação com o mundo privado (corpo, sexualidade, intimidade amorosa, vida familiar, escolhas de consumo) e com o mundo público (a própria mídia, a participação em atividades de lazer, política, educação escolar, a relação com as diferenças de classe, gênero, etnia). Ver Fischer (2004b).

pedagógico da mídia"[71] (FISCHER, 2000, 2001b), com suas técnicas e estratégias específicas de interpelação dos sujeitos. Mas o que seria exatamente o "visível" e o que seria o "enunciável", em se tratando de programas de tevê, eleitos por nós como "documentos"?

Parece-me que o visível (jamais separado do enunciável), aqui, poderia ser pensado como uma trama de visibilidades, a saber: (a) o próprio produto, um programa ou um conjunto "x" de programas de televisão, com toda a riqueza de sua linguagem audiovisual, que poderá ser analisada nos detalhes específicos dessa linguagem: o roteiro, os diversos "blocos" do programa, os atores ou personagens em jogo, a sonorização, o texto propriamente dito, a cenografia, o gênero de programa (ficção, jornalismo, publicidade, humor, musical, *reality show*, *talk show*, e assim por diante), a edição, a seleção de planos, a sintaxe das sequências narrativas; (b) o produto e sua inserção numa política global de produção e veiculação, numa emissora ou num conjunto de emissoras de tevê aberta ou a cabo, com as diferentes estratégias de captura de determinados públicos, em certas épocas e horários; (c) os modos de articulação do público com o produto veiculado, dados por situações muito diferentes, como as pesquisas de *marketing* e as pesquisas de audiência, as manifestações dos receptores buscadas e veiculadas pela própria televisão ou por outros meios de comunicação, como jornais e revistas; também as formas de participação e intervenção do público, permitidas por outras situações, como aquelas que se dão no âmbito das próprias pesquisas de recepção; (d) finalmente, a trama de visibilidades teria a ver igualmente com as condições de produção e de emergência de certos discursos que circulam em determinados produtos da mídia, em certa época e lugar; trata-se aqui das práticas institucionais, dos acontecimentos políticos, dos diferentes processos econômicos e culturais que, como nos ensina Foucault, não seriam "expressão" de um discurso nem sua causa imediata, mas algo "que faz parte de suas condições de emergência" (FOUCAULT, 1986, p. 187). Fica claro, portanto, que falar de visibilidades é falar também de enunciados, daquilo que se "murmura", das coisas ditas em determinado tempo e lugar.

Tratar de visibilidades, na análise enunciativa proposta por Foucault, significa tratar dos espaços de enunciação de certos discursos – espaços institucionais muito definidos, como é o caso da escola, por exemplo, e espaços mais fluidos e amplos, como é o caso da mídia, em sua relação com os vários poderes, saberes, instituições que nela falam. Nesse sentido,

---

[71] Defino "dispositivo pedagógico da mídia" no texto "'Técnicas de si' na TV: a mídia se faz pedagógica", como um aparato discursivo e ao mesmo tempo não discursivo a partir do qual haveria formas muito particulares de produção do sujeito contemporâneo (Ver capítulo 6 deste livro).

seria possível dizer que a mídia constitui um espaço de "visibilidade de visibilidades"; ela e suas práticas de produção e circulação de produtos culturais constituiriam uma espécie de reduplicação das visibilidades de nosso tempo. Da mesma forma, poderíamos dizer que a mídia se faz um espaço de reduplicação dos discursos, dos enunciados de uma época. Mais do que inventar ou produzir um discurso, a mídia o reduplicaria, porém, sempre a seu modo, na sua linguagem, na sua forma de tratar aquilo que "deve" ser visto ou ouvido. Isso quer dizer, então, que ela também estaria simultaneamente replicando algo e produzindo seu próprio discurso, sobre a mulher, sobre a criança, sobre o trabalhador ou, no caso do exemplo acima, sobre a juventude ou a adolescência das passarelas.

A propósito da discussão sobre o fato de a televisão ou a mídia produzirem ou apenas replicarem discursos, é bem instigante a observação que fazem Deleuze e Guattari (2001) em *O que é a filosofia?*. Os filósofos lembram como em nosso tempo uma das reivindicações do campo da comunicação (e de seus correlatos, como a informática, o *design*, a publicidade; eu acrescentaria: da moda e da mídia, de uma maneira mais ampla) é justamente a de que é nesses espaços que ocorre a criação, ali é que se inventam inclusive "conceitos" (o estilista dirá, por exemplo, que seu último desfile foi totalmente "conceitual"). Trata-se de um bom exemplo de como os meios de comunicação e todas as suas "disciplinas" produzem (ou se apropriam de) certos discursos. Trata-se de uma luta, de disputas de poder muito específicas, a partir das quais (ou no interior das quais) se fazem e refazem os discursos, os saberes especializados, bem como os modos de nos tornarmos sujeitos de certas verdades. Reivindicar para si o grande e exclusivo lugar da criação, no caso da mídia e da publicidade, seria um modo de ensinar a todos nós que outros espaços (como o da filosofia, da literatura, da própria educação, da arte) teriam deixado de ser importantes em nosso tempo.

Portanto, analisar discursos significa em primeiro lugar não ficar no nível apenas das palavras, ou apenas das coisas; muito menos, buscar a bruta e fácil equivalência de palavras e coisas. Como escreve Deleuze (1991), o visível tem suas próprias leis, desfruta de certa autonomia em relação ao enunciável, justamente porque "as coisas ditas" também têm sua relativa autonomia. Em suma, o visível e o enunciável não se reduzem um ao outro, eles exercem uma espécie de força um sobre o outro, de tal forma que haveria simultânea e permanentemente "a lição das coisas *e* a lição da gramática" (DELEUZE, 1991, p. 60, grifo do autor). E é essa heterogeneidade dos ditos e das visibilidades que proponho seja descrita em nossas investigações sobre produtos midiáticos. Quando afirmo que a mídia constituiria um espaço de "visibilidade de visibilidades", não estou aqui confundindo visibilidade com elementos visuais, com objetos palpáveis, mostrados em suas qualidades sensíveis *stricto sensu*. Sim, vamos operar sobre programas de tevê que gravamos, materiais que manipulamos e que buscamos descrever em suas minúcias de materialidade audiovisual. Mas a visibilidade que vamos descrever diz respeito a um trabalho minucioso e árduo de abrir, "rachar" essas imagens, textos e sons, abrir e rachar a minúcia das práticas institucionais relativas ao ver e ao fazer ver da televisão num país como o Brasil, abrir e rachar as coisas ditas nos telejornais e telenovelas, nos comerciais e nos "reality shows", e extrair deles alguns (mesmo que poucos) enunciados (DELEUZE, 1991, p. 62) – sabendo que não há verdades ocultas nem visibilidades tão plenamente expostas nem tão evidentes.

"Que tudo seja sempre dito, em cada época, talvez seja esse o maior princípio histórico de Foucault: atrás da cortina não há nada para se ver, mas seria ainda mais importante, a cada vez, descrever a cortina ou o pedestal, pois nada há atrás ou embaixo" (DELEUZE, 1991, p. 63). Por mais que protestemos, é preciso enfrentar o fato de que não há enunciados escondidos naquilo que a mídia produz e veicula; o que há são emissores e destinatários dos meios de comunicação (como o rádio, a tevê, as revistas e jornais), que variam conforme os regimes de verdade de uma época, e de acordo com as condições de emergência e de produção de certos discursos. Portanto, há que olhar para essa complexidade dos processos comunicacionais, procurando não o que estaria escamoteado, mas os modos de se fazer verem certas coisas num determinado tempo. Pode ser paradoxal, mas o que nos ensina Foucault é que, se ficarmos nas evidências, na ilusão das coisas em si, palpáveis e plenamente visíveis, aí é que não as veremos naquilo que importa, naquilo que Deleuze chama de "condição que as abre" (DELEUZE, 1991, p. 66).

Um breve exemplo

Na pesquisa sobre grupos de jovens e sua relação com as imagens da televisão, aqui referida, procurei colocar em prática a proposta, já que além da análise de produtos da mídia, realizamos sessões com grupos de recepção: os debates com os jovens e a análise de materiais televisivos mostraram o quanto grande parte da produção da mídia funciona como uma espécie de "cobertura plena" dos vazios, daquilo que poderia ser simbolizado (no sentido psicanalítico de Lacan), na medida em que jornais, TV, revistas vão conferindo incansavelmente sentidos para acontecimentos, objetos, grupos sociais, pessoas, sentimentos, atos políticos, desejos, em todas as dimensões da vida. Nos debates, os jovens muitas vezes afirmam como verdades *suas* os ditos que circulam na mídia – sobre política (política é o mesmo que corrupção, por exemplo), sobre intimidade sexual e amorosa, sobre a própria mídia, sobre necessidades de consumo e assim por diante. Mas ocorreu também que esses mesmos debates se ofereceram como espaço de expressão daquilo que escapa, daquilo que não é plenamente capturado pela mídia; ou seja, aconteceu nos encontros com estudantes de várias camadas sociais, de escolas públicas e privadas, a escuta e a manifestação das tantas perplexidades desses meninos e meninas que, ao discutirem a TV com seus pares, formularam aqui e ali interrogações, deparando-se com suas próprias contradições e dúvidas, diante aquilo que haviam, naquele mesmo tempo e espaço, formulado como verdades inabaláveis.

Ou seja, trata-se de ver nessas cenas enunciativas o pleno funcionamento do discurso, como escreve Foucault: enunciados, murmúrios de uma época, vivos tanto em programas de TV como nas falas dos jovens pesquisados. Trata-se da operação da TV como produtora de verdades, de modos "verdadeiros" de ser, lugar por excelência de visibilidade de inúmeras visibilidades, ao mesmo tempo como lugar passível de escapes, de ditos que fogem aos poderes. Tal trama pode ser captada igualmente no olhar e na fala dos jovens estudantes: também eles são capturados pelos saberes e poderes dominantes; porém, eles não deixam de escapar, até pelo fato de formularem indagações a respeito de si mesmos sobre "algo" que os constitui, que os impele a pensar e a viver desta ou daquela maneira, com relação a seu corpo, sua sexualidade, sua relação com outras gerações, com as desigualdades sociais, com o que se chama da "esfera pública", e assim por diante.

O sentimento de perdição, de desamparo (diante de um mundo violento, da perspectiva ou da própria realidade do desemprego), de vazio de referências, para além das efêmeras referências de figuras do espetáculo midiático, manifestado pelos jovens que participaram da pesquisa, aliado a uma imobilidade diante das distâncias entre ricos e pobres, negros e brancos, heterossexuais e homossexuais, por exemplo, estava presente a cada encontro com os estudantes. Os relatos em grupo sobre a vida de cada um, o que fazem nas horas livres, que vídeos escolhem, que filmes veem, que tempo dedicam a ler, ouvir música, dançar e namorar, a que "tribos" pertencem, enfim, apareceram muitas vezes vinculados a questões cruciais como a do sonho de liberdade e, por oposição, a da certeza de que todos nós (especialmente eles) somos sempre fortemente controlados no social. Finalmente, e não com menor importância, apareceram nos debates as grandes dificuldades vividas quanto às suas experiências com os "outros", os "diferentes": os grupos em geral mostravam estar abertos a compreender, a respeitar, no limite, a tolerar as diferenças de opção sexual, etnia, condição econômica, pertinência a esta ou àquela "tribo", mas expressavam plenamente as próprias contradições, os medos, num movimento oscilante entre a abertura a novos modos de ver o mundo e a repetição das lições, em geral conservadoras, aprendidas na mídia e nos demais âmbitos da vida social.

Seleciono aqui dois temas discutidos nos debates com os estudantes de comunicação, calouros de Comunicação da UFRGS: o tema da sexualidade e o tema dos "diferentes" ou da normalidade/anormalidade. No debate dobre o programa *Malhação* (há mais de dez anos exibido pela Rede Globo), os universitários mostraram-se bastante subjetivados pelo consenso de que adolescente "tem que ser educado", mesmo pela TV. Mas, ao mesmo tempo, concordam que "tem coisas que não vão ser dadas pela televisão, não adianta pôr na televisão". Para eles, por exemplo, "sexualidade é uma coisa, eu acho, muito de cada um. Então, eu acho que não tem assim como falar do grupo". Por isso, ele não se sente em nada representado na TV, no programa *Malhação*, "porque eles educam muito mal as crianças, desde pequeno. E como sexualidade, eu não sei explicar direito. Mas parece que tem umas regras, assim, de sociedade, tipo, que tu não *pode* ser tal coisa, que uma sexualidade é errada. Tem que educar pro sexo consciente, *né*? Mas não... camisinha". Tudo indica que os jovens, como esses universitários, percebem o quanto a mídia, especialmente a televisão, em parceria com outras instituições, como a família e a escola, investem pesadamente "no teórico", como dizem os debatedores, enquanto eles se percebem como pessoas que vão aprender, no caso da sexualidade, muito mais "na prática". O "teórico", repetido na televisão, por exemplo, está em exemplos como o do episódio de *Malhação*, exibido no encontro: numa das cenas, uma adolescente é apresentada como a melhor amiga do próprio pai, quando avisa a ele que terá a primeira relação sexual. Um dos estudantes comenta: "Eu acho que [isso] coloca mais pressão em cima da primeira vez, sabe?". Outra colega complementa: "[Isso] cria uma responsabilidade enorme de que tem que conversar com eles, quer dizer, falas com teus pais, como se tu tivesse que pedir permissão, sabe?".

Ao discutir as várias aparições dos "diferentes" de todos os tipos na TV, esses mesmos estudantes concluíram, por exemplo, que as próprias audiências acabam por "pedir" que os personagens sejam brancos, altos e magros, "porque a gente está acostumado" a ver assim as pessoas na TV. Julgam que as mulheres seriam bem mais cruéis que os homens nessa exigência, embora todos hoje se ocupem de julgar o corpo do outro. O cotidiano dessas jovens é narrado como bastante ocupado com tamanhos de peitos e pernas ("tua canela é muito grossa, tu tem que raspar o osso" – lembra uma das alunas, sobre comentários de colegas da faculdade a seu corpo), gorduras em excesso, barrigas. Quanto aos homens, povoa seu imaginário o medo do grande fantasma: ser *gay*... ("Falam de *gay* como se fosse um monstro", diz uma das alunas de Comunicação, bolsista da pesquisa). Um dos alunos confirma: "Os caras têm medo só de ver, entendeu, dois caras se grudando...". Quanto à homossexualidade entre mulheres, uma das alunas faz um dos comentários mais ricos de uma das sessões de debates. Para ela, o que choca, o que incomoda mesmo, é algo que "vem de longe": "Por mais que tu *tente* não ser preconceituoso, sempre tem uma coisa – ai, lésbica!... É uma coisa que vem, assim, é do dia a dia que tu *pega*, sem tu *querer*, sabe? Eu mesma não costumo ser preconceituosa, mas às vezes sai, fulano é veado, uma coisa assim...". Outra colega completa, mais enfática: "Parece que tem coisas que estão dentro da gente, e a gente não sabe como foi parar lá. É horrível, é como se a sociedade te ensinasse, desde pequenininho, assim, e mesmo que tu *tenha* amigos homossexuais ou lésbicas, negros, gordos, sempre aparece alguma coisa, na hora, [tu acaba falando]. 'ah, aquele gordo'".

Inseparabilidade radical de teoria e prática

Trago os exemplos acima para mostrar o entrelaçamento dos três elementos inseparáveis da proposta de investigação – o discurso da mídia, o depoimento de um grupo em situação de recepção e o tratamento de questões relativas aos "murmúrios" e perigos de nosso tempo. Como escrevi em outro texto (FISCHER, 2002b), trata-se de assumir sempre a radical inseparabilidade entre teoria e prática, entre o conceitual e o empírico. Penso, a partir de Foucault, que os discursos e todas as normas e regras institucionais, nos mais diferentes campos de poder e saber – são sempre e por definição "práticos". Sendo assim, o trabalho investigativo, a própria tarefa da filosofia, a responsabilidade do pensamento crítico é justamente "analisar as práticas em que aquelas normas realmente figuram e que determinam espécies particulares de experiência" (RAJCHMAN, 1987, p. 70). Dessa forma, assumir a posição de quem apenas descreve, mostra ou aponta um modo de existência "x", um acontecimento "y" – como muitas vezes fazemos questão de afirmar, com tanta cautela, em nossos projetos –, a meu ver não nos exime *per se* do compromisso nem da crítica. Obviamente, o modo pelo qual entendemos tanto o compromisso como a crítica precisa ser bem explicitado.

Se não estamos usando o ponto de partida da hipótese repressiva[72] – de que as coisas sucedem do jeito que sucedem porque alguém ou algo

---

[72] A discussão sobre a "hipótese repressiva", como a trato aqui, está no volume I da *História da sexualidade*, de Michel Foucault (1990a).

não nos permite fazer determinado gesto ou ato, porque algo nos tolhe e reprime; assim o único modo de enfrentar a ordem repressiva é negá-la, destruí-la, tomar posse dela –, então é preciso tornar claro para nós mesmos que não se trata de denunciar a alienação e a mistificação, nem de, como nos ensina em grande parte a teoria crítica, de teorizar apontando sempre para uma intencionalidade prática. Mas, então, de que se trata, quando defendemos que a teoria não se desvincula da prática?

Ora, chegamos a um momento em que se torna fundamental assumir, para a vitalidade de nossas investigações, que não estamos passando à margem dos graves problemas sociais, econômicos, educacionais, culturais, filosóficos de nosso tempo. Da mesma forma, trata-se de assumir que não estamos passando à margem das quase infinitas possibilidades que temos de ir além do senso comum, de produzir em nós e a partir de nós mesmos formas de existência para bem mais do que nos propõem as lógicas dominantes, sejam as do mercado, sejam as da sociedade estetizada do espetáculo, sejam tantas outras lógicas pelas quais somos subjetivados e que nos pautam cotidianos mínimos ou amplas políticas públicas em nosso país – sem falar das planetárias intervenções do mercado e das políticas financeiras internacionais, que atingem os diferentes modos de viver hoje.

Em outras palavras: estamos imersos nesses problemas e nessas possibilidades, falamos e nos inquietamos a partir deles como simples mortais e como pesquisadores também. Mas, então, estou propondo que façamos através de nossos estudos a crítica global da sociedade, como já vínhamos realizando nos moldes da teoria crítica, anunciando, para mais adiante, uma solução ideal, o tão esperado "jardim das delícias"? Seguramente, não. Se negamos a hipótese repressiva, se não nos contentamos em simplesmente bradar contra todos os poderes, muito menos em buscar a revelação da verdade mais verdadeira ou a magia das soluções para os tantos impasses e impedimentos vividos no campo da educação – sobre as mínimas práticas escolares, sobre os saberes que circulam no meio pedagógico, sobre as relações entre violência, aprendizagem e cotidiano, só para lembrar alguns temas que poderiam pautar nossas pesquisas –, é bem verdade que também não aceitamos a neutralidade de nossos gestos, de nossos estudos, de nossa posição política como intelectuais, estudiosos, professores, pesquisadores. Trata-se, sem dúvida, de assumir um posicionamento de outra natureza.

Recorro mais uma vez a Foucault, quando em entrevista a Hubert Dreyfus e Paul Rabinow sobre a publicação dos volumes II e III de sua *História da sexualidade*, ele nega que estivesse buscando em sua obra alternativas ou soluções para o presente a partir de um suposto modelo de vida encontrado nos gregos clássicos. O que desejava fazer era uma genealogia das problematizações que até então a sociedade ocidental se vinha propondo. Porém, negar que estivesse buscando alternativas não significava para ele entregar-se à apatia; pelo contrário, seu posicionamento, conforme ele mesmo diz, possivelmente conduziria a um "hiperativismo pessimista". "Minha opinião – sintetiza Foucault – é que nem tudo é ruim, mas tudo é perigoso, o que não significa exatamente o mesmo que ruim. Se tudo é perigoso, então temos sempre algo a fazer [...] Acho que a escolha ético-política que devemos fazer a cada dia é determinar qual é o principal perigo" (FOUCAULT, 1995c, p. 256).

Sempre as práticas

Em Foucault, visível e enunciável estão tão juntos quanto teoria e prática, quanto trabalho acadêmico, vida, existência e política. Para ele trata-se sempre de práticas. É assim que, por exemplo, o interesse de Foucault pelos espaços institucionais, como a prisão, o hospital,[73] remete ao fato de que olhar para esses lugares tão concretos e tão palpáveis, nessa perspectiva, significa tratar de dimensões de exterioridade de funções como a de isolar, sequestrar corpos, classificar – funções diretamente relacionadas a enunciados de um discurso específico, o discurso da sociedade das disciplinas. Foucault chegou a enunciar essas funções não porque para ele haveria uma perfeita correlação entre um visível e um enunciável, mas porque a minuciosa e complexa investigação de um sem-número de modos, procedimentos, enfim, de práticas discursivas e não discursivas, de produzir isolamentos, totalizações e distinções entre os indivíduos, lhe permitiu "ver" isso, construir essa história das prisões, mostrar como nos constituímos desse jeito no Ocidente, numa certa época.

Como escreve Paul Veyne em "Foucault revoluciona a História", a filosofia de Foucault não é uma filosofia do discurso, mas uma filosofia da relação (VEYNE, 1982, p. 177). E é disso que estamos tratando aqui, quando propomos um modo de tomar a mídia, seus ditos e a suas visibilidades como objeto de nossas investigações no campo educacional. Na esteira dessa filosofia, recusamos a ideia de que se deva, por exemplo, estudar a televisão e seus produtos para expor única e exclusivamente a maquinaria de uma forma de manipulação de crianças, adolescentes, homens e mulheres das camadas populares.

No lugar disso, propomos uma investigação que se aventure a responder a uma série de relações, de "comos", que se aventure a perguntar sobre as sucessivas transformações no grande tabuleiro social, em que arranjos de

---

[73] A descrição da história das prisões, feita pelo autor, em *Vigiar e punir* (FOUCAULT, 1987), merece ser consultada se desejarmos apreender melhor essa inseparabilidade entre o visível e o enunciável.

poder e de saber são continuamente feitos, e que podem ser "apanhadas" justamente nesse lugar específico de enunciação, que é a mídia. Assim, nessa perspectiva, interessaria muito um estudo que pudesse responder de que modo, nesse lugar das imagens em *zapping*, da informação fragmentada, da narrativa das celebridades e dos acontecimentos-bomba, nesse paraíso dos corpos, se produzem certas formas de sujeição em nosso tempo, relativas a como investimos tempo e energia na transformação de nossos corpos infantis, adultos, adolescentes, nossos corpos masculinos e femininos; ou então um estudo que não temesse imiscuir-se nas inúmeras práticas aprendidas diariamente através do que vemos na televisão, sobre nossos modos de olhar o outro, de constituir os diferentes de nós, os pobres, os jovens, as mulheres, as mães, os negros, as professoras, os que encarnariam a imagem do mal e do indesejável, daquilo que merece ser eliminado ou "detonado",[74] e assim por diante.

Tais temas – na condição de questões-sintomas de nosso tempo – podem ser tratados, na medida de sua produção, veiculação e recepção no amplo espaço midiático, na perspectiva mais genuinamente foucaultiana do discurso como prática. Há um belo texto de Foucault, sobre Blanchot – *O pensamento do exterior* –, que pode nos impulsionar a abandonar a dicotômica ideia de muitos trabalhos de análise da mídia, ainda tão presente entre nós, de que existe alguma coisa "lá fora" – um programa de TV, a grade de programação de uma emissora, grupos tais ou quais de recepção – e existimos nós aqui, na outra ponta, donos da palavra, de tantas palavras, senhores e senhoras de textos, conceitos e autores, dos quais nos adornamos e que orgulhosamente replicamos. Nessa relação polarizada, nos aplicamos a nomear de outra forma aquilo que vemos e observamos; interpretamos, lemos representações, classificamos coisas ditas, estabelecemos, enfim, relações entre palavras e coisas. Mas talvez nesse trabalho fortemente calcado nas dicotomias e nos dualismos, deixamos de olhar a linguagem (as coisas ditas) como acontecimento. Parece que nesse trabalho polarizador e polarizado estamos para sempre relacionando linguagem à eternidade, ao tempo, ao próprio sujeito-autor, quando talvez ela seja puro esquecimento, "a forma sempre desfeita do exterior", uma vez que "não se fixa jamais numa positividade imóvel e penetrável" (FOUCAULT, 1990c, p. 73).

Foucault convida a pensar a linguagem para além daquilo que ela quer dizer, como verdade (provisória ou definitiva, mas "verdade"); para além das formas pelas quais ela é dita (os modos inventados para dizer esta ou aquela verdade). Foucault poeticamente nos sugere que a linguagem, no

---

[74] Expressão usada no programa *Big Brother Brasil* pelo apresentador Pedro Bial, há mais de dez anos na Rede Globo, nas ocasiões de votação do participante que deveria ser eliminado do *reality show*.

seu ser, é uma voz muito tênue, débil, imperceptível, "no fundo e ao redor de qualquer coisa, de qualquer rosto, que banha na mesma claridade neutra – dia e noite por sua vez – o esforço tardio da origem, a erosão precoce da morte" (FOUCAULT, 1990, p. 73-74). São justamente a literatura, o cinema, a pintura e todas as artes o que perturba o grande modelo da representação e, junto, o grande modelo da autoria, por mais paradoxal que isso possa parecer. Foucault, Deleuze e tantos outros autores nos mostraram, a partir da literatura e do cinema especialmente, o não isomorfismo entre ver e falar, entre o visto e o falado, entre a palavra e a coisa. Essas formas de criação fazem emergir em sua radicalidade o ser da linguagem, não para fazer aparecer aí a autoria como vontade de verdade, nem para promover a eternidade de alguns autores.[75]

Em síntese, a proposta aqui apresentada de utilização das ferramentas foucaultianas para os estudos de comunicação contempla basicamente: a arte de não desvincular teoria de método, a inseparabilidade de discursos e práticas, o tratamento dos enunciados e das visibilidades midiáticas também como acontecimento, tanto quanto a própria pesquisa empreendida. É em Foucault que encontramos a sugestão para nos tornarmos pesquisadores "fora da lei", abertos a uma multiplicidade de práticas e acontecimentos – dos próprios objetos que construímos, da própria atividade de pesquisa em que estamos mergulhados. Ou seja, neste tempo de excesso de imagens e de imaginários (dados pela experiência cotidiana com os meios de comunicação), nada como o saudável ar foucaultiano, que nos convida a ultrapassar o senso comum, ultrapassar a si mesmo, "liberar o pensamento daquilo que ele pensa silenciosamente, e permitir-lhe pensar diferentemente" (FOUCAULT, 1990b, p. 14).

---

[75] Nestes dois últimos parágrafos, utilizei parte do texto "Escrita acadêmica: arte de assinar o que se lê", publicado no livro *Caminhos investigativos IIII* (FISCHER, 2005).

CAPÍTULO 8
Quando os meninos de *Cidade de Deus* nos olham[76]

Trato aqui do filme *Cidade de Deus*, de Fernando Meirelles, que significou um marco na história do cinema brasileiro, não só pelos inúmeros prêmios que recebeu mas também pela ampla circulação em vários países. Proponho-me a pensá-lo no campo da educação e a partir das ferramentas que a obra de Michel Foucault oferece. É preciso dizer que a escolha se dá, principalmente, por aquilo que nesse filme nos convoca, nos desaloja, pelo que nele se configura como um olhar em direção a nós; assim, escolho esse filme especialmente porque aquelas crianças e aqueles jovens da favela carioca Cidade de Deus, aquelas crianças e aqueles jovens não são apenas olhados por nós e pelas câmeras de Meirelles; eles *nos olham*. Aqueles meninos nos olham com olhos de atores, de crianças, de adolescentes, de personagens, e desse lugar nos contam algo da história brasileira de nossos dias. Busco analisar o filme por dentro das estratégias de linguagem cinematográfica e das opções narrativas do diretor Fernando Meirelles. Para quê? Para pensar facetas de um tempo presente: de meninos, de Brasil e de educação.[77]

Faço esse percurso analítico a partir daquilo que aprendemos com Foucault, quanto às múltiplas e complexas relações entre práticas discursivas e práticas não discursivas, possíveis de serem discutidas tendo como "materialidade enunciativa" um filme: um filme que não se configuraria como uma unidade fechada nem como obra de um autor único, mas como

---

[76] Texto publicado originalmente na revista *Educação & Realidade*, Porto Alegre, v. 33, p. 193-208, 2008.

[77] Agradeço aos editores da Editora Segmento, de São Paulo, em que publiquei o texto "Foucault e os meninos infames de *Cidade de Deus*", por permitirem a reprodução aqui de vários trechos desse artigo. A presente versão é ampliada e contém outras discussões não feitas no texto originalmente publicado pela Segmento (ver FISCHER, 2007).

documento de um tempo e um lugar plenamente históricos. Um filme que se configuraria igualmente como criação estética, como produção e veiculação de imagens que não serão tratadas aqui com o objetivo de dissecar "conteúdos" nem realidades representadas, mas, na medida do possível, como documento que procurarei elevar à condição de "monumento", inspirada no autor de *A arqueologia do saber*.

Como afirma Ismail Xavier (2003), o cinema nos permite usufruir um olhar privilegiado, aquele olhar mediado pelas lentes da câmera, através do qual podemos, por exemplo, assistir ao maior dos horrores ou ao mais maravilhoso manifesto de generosidade e invenção estética e permanecer a salvo – já que se trata de um olhar sem corpo, pelo qual podemos ver tudo e todos, através do olho da câmera; podemos estar lá *sem estar lá* (XAVIER, 2003, p. 36-37). Mas é bem verdade também que, na condição de analistas das imagens, seria possível tratar o cinema como filosofia, mediados pela produção de um pensador como Foucault; escrever, enfim, sobre uma narrativa e os discursos que nela circulam, munidos de um referencial teórico que sustente tal tarefa. Nesse caso, então, creio que não estaremos plenamente a salvo. A meu ver, haveria sempre, em ambas as situações, uma mistura de fruição e de exercício de pensamento analítico, e isso de certa forma não nos deixa jamais a salvo: mesmo do lugar de quem não está lá, no horror da guerra do tráfico, por exemplo, a experiência de espectadores nos entrega à interpelação das imagens, o que pode nos marcar como ferro em brasa; por outro lado, no papel de analistas do filme, não vamos abandonar a experiência estética de entrega e passividade em relação ao que vemos.

Inspirada em Foucault, portanto, proponho-me a experimentar esse misto de passividade e atividade, a entrar nas imagens, a metodicamente abrir algumas das enunciações dessa narrativa, a localizar cenas e sequências, retomando gestos, ritmos e sonorizações pelos quais fui "tomada". A ideia é articular essas imagens a enunciados de determinado tempo e a relações de poder muito específicas, buscando aqui ecos das escritas do filósofo, ora usadas como ferramentas teóricas, ora como sugestões de outros modos de pensar o que vemos. E é assim que me sinto comprometida a dizer algo para além do que sinto sobre o que vejo, para além do "eu gosto" ou "eu não gosto". A tentativa será articular três questões principais sobre o filme, a partir da uma inspiração foucaultiana: (a) a condição de exclusão e de anormalidade dos personagens; (b) os novos modos de experimentar o direito de vida e de morte em nossa sociedade; (c) as relações entre linguagem cinematográfica e "realidade", vistas a partir das estratégias de direção do cineasta Fernando Meirelles.

Ínfimas existências

Quando olhamos alguém, na experiência cotidiana, podemos dizer que "o olho que vejo é olho porque me vê, não porque o vejo" – como escreve Ismail Xavier (2003, p. 57), citando o poeta espanhol Antonio Machado. Haveria nessa experiência intersubjetiva uma devolução do olhar. Porém, em se tratando de aparatos construtores de imagens – como a fotografia, o cinema, a televisão, – teríamos uma interação distinta, de outra ordem: ela envolveria "um olho que não vejo e não me vê, que é olho porque substitui o meu, porque me conduz de bom grado ao seu lugar para eu enxergar mais... ou talvez menos" (XAVIER, 2003, p. 57). E o estudioso segue:

> Dado inalienável de minha experiência, o olhar fabricado é constante oferta de pontos de vista. Enxergar efetivamente mais, sem recusá-lo, implica discutir os termos desse olhar. Observar com ele o mundo mas colocá-lo também em foco, recusando a condição de total identificação com o aparato. Enxergar mais é estar atento ao visível e também ao que, fora do campo, torna visível (XAVIER, 2003, p. 57).

Nesse filme, talvez possamos num primeiro momento articular visibilidades e invisibilidades sobre o tema da exposição de existências ínfimas, em torno das quais Meirelles constrói sua narrativa fílmica. São aquelas existências socialmente tornadas anormais e indesejadas, de meninos e meninas de 8 ou 18, não mais que 20 ou 22 anos, que ali naquelas imagens passam à condição de "existências-clarão". Da vida na favela, passam a personagens de livro e, na sequência, a protagonistas de um filme que chega a Hollywood, indicado para o Oscar. Estão expostos, plenamente expostos. Seguindo as pegadas de Foucault em "A vida dos homens infames" (1992) – um de seus mais belos textos –, podemos dizer que os personagens de *Cidade de Deus* também são vidas obscuras e desafortunadas que, alçadas à condição de visibilidade midiática, nos provocam, misturam em si beleza e assombro. E é deles que desejo falar, são suas vidas narradas em filme que agora me proponho a ver e descrever, como "uma peça da dramaturgia do real" (FOUCAULT, 1992).

Diria que, inteiramente diferente dos infames descritos por Foucault e, ao mesmo tempo paradoxalmente próximos deles, os personagens de *Cidade de Deus* aparecem para nós no século XXI – mais precisamente no ano 2003, quando é lançado o filme – encarnando histórias dos anos 1970 e 1980, numa favela do Rio de Janeiro, exatamente no momento em que emerge para eles a possibilidade de existirem para o mundo, para a sociedade mais ampla, através de todas as ações relacionadas ao controle do tráfico. São jovens que criam um sistema próprio de poder, simultaneamente à margem e do sistema oficial e por dentro dele – na medida em que uma parcela significativa de policiais e grupos de classe média e classe alta praticamente vive deles e de toda a condição de violência e pobreza que encarnam.

Para os meninos da favela Cidade de Deus, a experiência de exposição ao olhar do poder certamente não se dá pelo caminho um tanto moroso (segundo nossos tempos) dos infames do século XVII estudados por Foucault. A denúncia da infâmia dispõe hoje de toda uma rede de comunicação, dos jornais impressos à TV, do telefone celular à Internet. Dispõe também da literatura e do cinema. E nos anos 1970 e 1980, período recriado no filme, as páginas dos jornais impressos – especialmente a foto impressa em preto e branco – tinham um lugar de poder inquestionável como tecnologia de comunicação (e de atribuição de poder, como veremos na análise se algumas cenas).

Tratava-se de outra formação social. Tratava-se de outra ordem discursiva. Portanto, não há (a rigor nem aqui, nem em outra situação) qualquer possibilidade de transposição direta de conceitos ou análises. Os infames de Foucault, eu diria, *ecoam* em *Cidade de Deus*. E isso não é pouco. Os infames de Foucault pedem que se faça a história de nossos homens e mulheres, meninos e meninas, também desafortunados, e agora disponíveis às tantas possibilidades de serem narrados, *on-line* se possível, em cadeia nacional, para 50, 60 milhões de brasileiros – como ocorreu quando o documentário de MV Bill foi veiculado no *Fantástico*, da Rede Globo, em 2006.[78] Enfim, aprendemos com Foucault que determinados princípios de exclusão e de exposição da voz de anormais, loucos ou indesejados – como os infames de *Cidade de Deus* – não deixam de existir: há deslocamentos desse princípio, ele não se apaga, ele se exerce de outro modo, ele é outro, ele corresponde a novas formas de vontade de poder e saber, quase sempre com suporte institucional. E é isso que se trata de descrever, como nos ensina Foucault (2006), em sua célebre aula *A ordem do discurso*, de 2 de dezembro de 1970.

Fernando Meirelles (a partir do livro homônimo de Paulo Lins) põe o foco sobre vidas que, na sociedade brasileira, estão à margem, em muitos casos na condição de subcidadania.[79] Essa é uma prática que se multiplica entre outros cineastas (Hector Babenco, em *Carandiru*; Walter Salles em

---

[78] O cantor de *rap* MV Bill e o produtor Celso Athayde são os autores do documentário *Falcão*, exibido no dia 19 de março de 2006, no programa dominical *Fantástico*. Os autores percorreram durante vários anos comunidades pobres em todo o País e registraram a rotina de crianças e jovens sem perspectivas.

[79] Ver a propósito o livro de Jessé Souza, em *A construção social da subcidadania* (SOUZA, 2003).

Central do Brasil; Eduardo Coutinho, em *Edifício Master* e *O fim e o princípio*; *Narradores de Javé*, de Eliane Caffé; *Madame Satã*, de Karim Aïnouz; *Cidade Baixa*, de Sérgio Machado); como em algumas programações de TV (*Central da periferia*, com Regina Casé, por exemplo, sem falar na microssérie *Cidade dos homens*, ambos da TV Globo), só para citar alguns casos mais recentes.

Gostaria de pensar exatamente sobre isto: sobre a hipótese de Foucault em relação aos homens infames e ao que olhamos e ao que nos olha[80] em *Cidade de Deus*. Foucault (1992) pesquisou documentos que remontam aos séculos XVII e XVIII, na França, basicamente cartas dirigidas ao rei, pedindo a prisão de soldados desertores, monges vagabundos, mulheres e homens escandalosos e danados. Para o autor essas vidas às quais teve acesso em sua pesquisa não chegariam até nós, se algum feixe de luz (como as cartas ao rei) não se tivesse posto sobre elas. No caso, como denúncia, como pedido de prisão. O poder que as aprisionou, que as vigiou e as entregou ao poder real – essa mesma experiência com o poder, enfim – permitiu que a elas tivéssemos acesso, séculos depois. São pessoas que teriam desaparecido se não tivessem momentaneamente se defrontado com o poder: não existiram nem jamais poderiam ter existido numa espécie de "estado livre", como escreve Foucault; foram para sempre fixadas em narrativas, nas quais se tornaram visíveis. São histórias que movimentam o leitor por se tratar de histórias de vida, de desgraça, loucura e morte que carregam em si beleza e assombro, justamente porque registradas em breves textos que marcaram o destino de vidas efetivamente "reais". Mediocridade e "medonha" grandeza – tudo ao mesmo tempo (FOUCAULT, 1992, p. 96).

Ora, desde David Griffith, a indústria cinematográfica tem registrado inúmeros produtos, em que de alguma forma os refletores literalmente fazem incidir luz sobre feridas sociais, sobre personagens escusos, escandalosos, marginais, defrontados com o poder – poder familiar, religioso, econômico, médico, político, enfim, todas as formas de poder. Os filmes de Charles Chaplin são exemplares nesse sentido. Carlitos, mesmo que datado e localizado, fala de algo que se poderia chamar a "humanidade genérica", para além de qualquer diferença (cf. BADIOU, 2004, p. 29). Mais do que isso, a genialidade de Chaplin permite ao espectador a fundamental experiência de escapar da pedagogia do bem *versus* o mal, fazendo incidir luz sobre aquele que, do lugar da margem, nos olhou e olha com inigualáveis humor e ironia.

Ao fazer uma retrospectiva das relações entre cinema e política, no texto "Cinema político e gêneros tradicionais – a força e os limites da matriz melodramática", Ismail Xavier (2003) discute a busca de muitos cineastas

---

[80] Utilizo aqui a conhecida expressão (plenamente conceitual) de Georges Didi-Huberman, que dá título a seu livro *O que vemos, o que nos olha* (DIDI-HUBERMAN, 1998).

a partir dos anos 1960, no Brasil e em outros países, de uma estética que "fizesse pensar", que nos provocasse para além das fórmulas folhetinescas das décadas anteriores. A pergunta, então, era: como estimular o pensamento crítico, sem cair na fórmula da compaixão ou nas soluções maniqueístas das chamadas "estruturas de consolação", tão fortes nas telenovelas a que assistimos ainda hoje, por exemplo? O principal problema enfrentado foi justamente a comunicação com o grande público. Mais adiante, nos anos 1980, esse problema incitou a criação de narrativas como *A história oficial* (de Luis Puenzo, Oscar de Melhor Filme estrangeiro em 1986) ou *Lúcio Flávio, passageiro da agonia* (de Hector Babenco, 1977). Em ambos há a tematização da realidade política, mas a prioridade é conferida ao drama íntimo de personagens sensíveis, afetadas pelo processo social, na Argentina e no Brasil. Busca-se primordialmente marcar a oposição entre personagens autênticos e personagens hipócritas Assim, nos dois filmes, aliás, muito bem produzidos segundo as regras industriais e de mercado, os diretores acabaram permanecendo nas dicotomias conhecidas do melodrama clássico, sem que os crimes e as injustiças sociais e políticas pudessem ser vistos na sua rede complexa de articulações políticas e econômicas. Concluindo a análise, escreve Xavier (2003):

> [...] sem querer minimizar o plano ético ou a esfera privada, pilares do drama nos filmes aqui comentados, creio ser legítimo questionar a exclusividade desses lugares como eixo do debate político e do diagnóstico social; creio que se deva sublinhar os limites de um gênero de discurso que se mostra eficaz na comunicação, mas cujo preço é reduzir o horizonte de compreensão do social, equacionando-o nos termos de uma dinâmica feita de o conflito entre nobreza de caráter e vilania como dotes que o indivíduo deve à Natureza (XAVIER, 2003, p. 141).

No Brasil, os últimos anos parecem mostrar uma nova tendência: há que falar dos problemas sociais e, ao mesmo tempo, da vida privada, dos sentimentos, num esforço para eliminar o discurso dualista e reducionista. Um filme como *Cidade Baixa*, de Sérgio Machado (lançado em 2005), consegue descrever a vida de três jovens "insignificantes", à margem. Para a psicanalista Maria Rita Kehl (2005), o filme se transforma num "épico entre vidas infames", que consegue driblar nosso desejo por histórias de amor, multiplicadas ao infinito neste tempo de vidas privatizadas e de retraimento de vidas públicas. Kehl fala da possibilidade de uma estética da amizade,[81] uma estética movida mais por *Eros* do que por *Tanatos* – aliás,

---

[81] Ver a propósito, na tese de Fabiana de Amorim Marcello sobre cinema e infância, o capítulo em que a autora faz brilhante análise sobre o tema da estética da amizade – intitulado "A criança que é e se faz potência no exercício estético da amizade" (MARCELLO, 2008).

tema tão caro a Foucault e objeto principal de sua atenção no último curso que ministrou no *Collège de France*, em 1984 (FOUCAULT, 2004a).

O mesmo se pode dizer dos documentários de Eduardo Coutinho, referidos acima, e os de Marcelo Masagão, especialmente o premiado *Nós que aqui estamos por vós esperamos* (1998). Vidas singelas, insignificantes, por vezes infames, recebem o olhar das lentes do cinema e nos são oferecidas ao olhar, bem longe da busca daquele consenso, medido por roteiros padronizados e fórmulas dualistas, através dos quais se deseja tocar nas feridas sociais sem correr o risco de perder a audiência.

Ora, o filme *Cidade de Deus* merece uma análise especial nesse sentido: a produção, a concepção fílmica, o roteiro, o elenco, especialmente a montagem fazem uma opção pelo cinema de qualidade técnica, quase perfeita; portanto, não há dúvida de que se faz uma opção pelo mercado, pela bilheteria, pelo produto bem acabado. Diria mais: há no filme uma opção pela crueza das cenas e das histórias, semelhante ao que nos oferece o ganhador do Oscar de 2006, *Crash – no limite* (dirigido por Paul Haggis e lançado em 2004), que se passa em Los Angeles, nos Estados Unidos, cruzando várias histórias do horror às diferenças, da desconfiança de todos contra todos, de pura violência. O discurso hegemônico da política Bush está vivo nesse filme e nos mobiliza a cada sequência, fazendo-nos perguntar sobre esse outro tempo, em que nos tornamos milhões de infames, de desafortunados, convidados a nos tornar coautores de cartas ao rei (as *lettres de cachet*, de que nos fala Foucault em "A vida dos homens infames"), porque o indiano, o jamaicano, o mexicano, o afegão estão ali a cutucar o temor generalizado de um outro que parece já não ser possível normalizar. Mas um outro que é preciso de alguma forma eliminar ou pelo menos violentar, ferir, humilhar.

As práticas de disciplinamento estudadas por Foucault, no interior de grandes instituições – como as prisões, os hospitais, os hospícios, os quartéis, as fábricas – certamente não desapareceram por completo. Basta visitar uma escola de ensino fundamental no Brasil ou em outros países. São, repito, outras formações históricas e, nelas, outros modos institucionais de se constituírem novas práticas, mas que não deixam de remeter, como memória discursiva, àquelas descritas em *Vigiar e punir* (1991). Toda a analítica do poder, feita por Foucault em várias de suas pesquisas e exposta com rigor metodológico insuperável em *A vontade de saber*, primeiro volume de sua *História da sexualidade* (FOUCAULT, 1990), talvez possa nos ajudar a ver que, em *Cidade de Deus*, se trata de relações de poder muito específicas, já que experimentadas à margem e sempre em situação explícita de violência, em cada personagem, em cada pequena história de vida, em cada etapa de vida daqueles jovens – histórias que não se separam de relações mais amplas de poder, na sociedade brasileira. Ali a disputa entre os grupos de Zé Pequeno e Sandro Cenoura (vivido pelo autor Matheus Nachtergaele) abre por dentro tensas relações que expõem, num microuniverso, em ritmo alucinado de videoclipe, de que modo, para cada nova violência instalada, se cria sistema de regras, num ciclo infinito de dominações sobre dominações.

Estamos falando aqui de uma cisão radical, na sociedade brasileira, entre cidadãos e subcidadãos, entre ricos e pobres, entre gente do asfalto e gente da favela, divisão extremamente violenta, que instaura no ambiente da favela relações de poder muito particulares. Em primeiro lugar, porque se trata de relações de poder e resistência que, na narrativa de *Cidade de Deus*, acontecem entre crianças, adolescentes e jovens, reproduzindo um ciclo que parece não ter fim. Toda a discussão de Foucault sobre a microfísica do poder assume, na análise da vida desses meninos, uma configuração muito específica: trata-se de um grupo social que resiste e cria sua própria linguagem, seus próprios códigos de honra, de ética e de bom comportamento (Zé Pequeno é a lei que proíbe, por exemplo, o assalto a moradores da favela); ali, cada novo chefe, cada novo grupo de "soldados" das facções terá todo o poder de vida e de morte, um poder tão grande quanto frágil, pois a ordem das coisas pode se inverter a qualquer momento.

Interessa-me pensar sobre as relações de poder e de violência, em obras cinematográficas como *Crash* e *Cidade de Deus*, em que os criadores optam por jogar-nos no rosto a violência em estado quase puro, sem mediações narrativas (como ocorre em *Cidade Baixa*). O que *Cidade de Deus* parece fazer é concentrar-se nas relações de poder internas à favela e ao mundo do tráfico de drogas, no Rio de Janeiro – nos anos 1970 e 1980, bem antes do agravamento substancial do problema, que passou a atingir várias capitais do País e que se afirma cada vez mais como um poder paralelo e de dimensões políticas e sociais inimagináveis, fora do controle do Estado. E o mais sério é que essas relações atingem diretamente crianças e adolescentes, cuja única forma de "pegar consideração" – como dizem os personagens em algumas de suas falas –, ter algum poder, ser reconhecido, é simplesmente matar, "passar" os outros, todos quantos se atravessarem no seu caminho.

No romance de Paulo Lins (2002) e no filme de Fernando Meirelles, a microrrealidade da favela Cidade de Deus concentra-se na descrição das formas históricas que assume o direito sobre a vida e a morte por parte dos chefes do tráfico em relação a toda a comunidade, especialmente aos mais jovens, às crianças sobretudo – com todas as consequências desse "direito". Várias cenas do filme *Cidade de Deus* parecem remeter-nos à descrição dos suplícios vividos pelos criminosos dos séculos XVII nos documentos pesquisados por Foucault para *Vigiar e punir*. As cenas de barbárie a que são submetidos os jovens e as crianças não deixam entrever quase nenhuma experiência que não seja a violência e banalização da morte e da vida. E não é só o assassinato do inimigo de facção dentro da favela: pode ser o assassinado da mulher por ciúme ou seja o que for, como acontece com o personagem Paraíba (vivido pelo ator Gero Camilo), que no filme enterra viva a própria mulher. Ninguém escapa, a não ser o narrador do filme, Buscapé, o menino que se torna fotógrafo, e através de cujo olhar conhecemos a trajetória dos personagens da favela: Dadinho (depois, batizado de Zé Pequeno), Mané Galinha, Sandro Cenoura, Barbantinho, entre outros.

O filme de Meirelles nos conduz para uma realidade do final do século XX, no Brasil – ao que tudo indica, com práticas que se sofisticaram mais ainda nestes primeiros anos do século XXI –, a qual parece concentrar-se no exercício de um direito de vida e de morte muito particular. Tal exercício se dá entre chefes do tráfico, que mal saíram da adolescência e não chegarão a mais de 25 anos, se tanto; um exercício que se reproduz com a mesma agilidade de clipe da montagem do filme, numa sequência ao infinito de assassinatos, que ali existe como normalidade cotidiana e como lição número um para aqueles que desejam "ser alguém". Por fim, é um tipo de prática "jurídica" que não poupa principalmente as crianças – submetidas à pedagogia do crime, ao aprendizado do poder de "macho", visível pela potência da arma empunhada e as respectivas execuções que ela permite.

"Acusação": ser criança

O personagem batizado de Filé com Fritas (Darlan Cunha, que depois viveu Acerola na minissérie *Cidade dos Homens*, da Rede Globo), numa das cenas em que é criticado por ser criança – mais do que isso, literalmente ele é "acusado" de ainda não ser "gente grande" –, do "alto" de seus 10 anos de idade, de menino que presenciou um sem-número de assassinatos e cenas de violência, nos olha de baixo para cima, sério, dirigindo-se a Zé Pequeno e reivindicando participação no grupo do líder. E diz: "Meu irmão, eu fumo, eu cheiro, já roubei, já matei... Não sou criança não. Sou sujeito homem". Em outra cena do filme, que acontece num espaço que lembra os "chiqueirinhos" domésticos de crianças pequenas, oito meninos, todos em torno de 9 ou 10 anos de idade, fumam maconha e discutem a forma mais rápida de "pegar consideração": é preciso fazer como o Zé Pequeno, o chefe do tráfico que pra subir "passa todo o mundo e pronto". É o momento de passagem, do grupo de crianças da "Caixa Baixa", de assaltantes a traficantes. É o mesmo grupo de meninos que no final do filme eliminam Zé Pequeno e, de armas na mão, gingam pelas ruelas da Cidade de Deus, superpoderosos.

A lição foi aprendida: eles já estavam suficientemente subjetivados; seu linguajar, o modo de andar e olhar, tudo é a própria inscrição no corpo daquilo que viveram na carne. As câmeras, a iluminação, a perfeita "incorporação" de personagem nos atores – tudo parece carregar a cena mais dramática do filme, a mesma cena que nos deixou, a nós, espectadores, sem voz e sem respiração. Falo do momento em que Zé Pequeno chega para colocar ordem na favela, exigindo bom comportamento de quem roubava os moradores da comunidade. Impondo a ordem, plenamente dono de vidas e mortes, Zé Pequeno não pede. Ele exige que uma das crianças do grupo "Caixa Baixa", como repreensão, escolha onde vai levar o tiro; um dos meninos deve decidir, arma na mão, qual dos colegas deve morrer, e no qual ele mesmo deverá atirar. O choro inconsolável e absolutamente "infantil" é aquele que deve se calar; essa criança é a escolhida pelo companheiro. A tensão é total nesse que seguramente se constitui a sequência mais dramática da narrativa, em que se sobressaem, sem dúvida, os pequenos atores – aliás, talvez o grande diferencial do filme. A cena toda é marcada pelo jogo de olhares e expressões de medo, que antecede os disparos sobre os pés de uma criança e sobre a menor de todas, aquela que chora mais do que as outras e que é morta pelo amigo da "Caixa Baixa".

De um modo muito particular, entendo que esse momento da narrativa parece conter algo como a memória discursiva de outras épocas, já que nela se misturam elementos muito díspares sobre modos de gerir vida e morte das pessoas e das populações: por um lado, a cena capta algo do tempo dos soberanos do século XVII, senhores do privilégio de se apoderar das vidas e igualmente de suprimi-las; por outro, algo também da primeira metade do século XX, com marcas de um verdadeiro genocídio. No primeiro caso, algo relacionado ao velho direito de matar; no segundo, algo que remete aos poderes modernos, os quais se exercem, segundo Foucault (no belo e pungente último capítulo de *A vontade de saber* – primeiro volume de sua *História da sexualidade*), em nome da vida. O filme de Hector Babenco, *Carandiru*, tratou disso também: em ambos os filmes, direta ou indiretamente, mostra-se um poder que se exerce em nome da vida das populações, na medida em que aqueles agentes se tornam sujeitos de um discurso segundo o qual, mesmo que isso não seja totalmente explicitado, ao fim e ao cabo, marginais "devem" ser eliminados para o saneamento geral da nação. As palavras do *rapper* MV Bill[82] (2006) não podem ser mais explícitas, ao se referir às populações pobres envolvidas com o tráfico de

---

[82] Em depoimento ao *site* globo.com, em 19 de março de 2006.

drogas: "as comunidades vivem uma situação de guerra onde os homens não param de se matar. A maioria dos personagens, por volta dos 16 anos, já não têm pai, e seus filhos estão prestes a ficar órfãos. Aos 16 anos, é o fim da linha da vida deles. Estamos diante de um verdadeiro genocídio".

É de vida e morte que sempre tratamos. E é exatamente nos corpos que se inscreve a história; é sempre deles que ela trata. Isso está em Nietzsche. Isso está em Foucault. Quem nos olha da tela de *Cidade de Deus* são crianças, são adolescentes, são jovens. E eles podem nos olhar com uma proposta diversa daquela que conduz à morte e à destruição. O personagem Bené, por exemplo, nos olha acenando com a possibilidade de sair do crime, de namorar. Ele marca esse desejo de passagem pintando o cabelo de louro e vestindo roupa de *playboy*. Toda essa quase lírica preparação para uma nova fase da vida é embalada pela célebre composição de Raul Seixas, contemporânea daquele momento na favela Cidade de Deus: *Metamorfose ambulante*. Bené, porém, não chega a viver a felicidade adolescente com a namorada. É morto em plena festa de despedida, antes de experimentar outra vida, muito desejada e talvez possível. No filme, aliás, são raras as sequências em que uma criança ou um jovem não é assassinado. O aprendizado da vida, como vimos acima, na cena central de *Cidade de Deus*, se dará pelo tiro na mão, pelo tiro no pé; acontecerá na prática de manejar uma arma quase tão pesada quanto a criança que a empunha. A eliminação de corpos infantis e juvenis é a marca dessa história. Não há como escapar: como a galinha que foge no início do filme, desesperada pelos labirintos da favela, e que ao final é depenada, assada e consumida, ao som de um bom samba popular.

Qual, afinal, a "realidade" de *Cidade de Deus*?

As críticas mais contundentes em relação ao filme *Cidade de Deus* talvez possam ser pensadas também a partir de Foucault. O fascínio e o medo provocados pela exposição nas telas de um Brasil violento, pobre e desesperado teriam sido excessivamente espetacularizados, glamorizados, segundo alguns estudiosos.[83] Certamente, *Cidade de Deus* difere, como proposta estética e política, dos documentários de Eduardo Coutinho ou de Marcelo Masagão, também das narrativas de Eliane Caffé e Karim Aïnouz, por exemplo. O tema da representação, das frágeis relações entre palavras e coisas, tão caro a Foucault, poderia ser tratado aqui, quando nos

---

[83] A estudiosa Ivana Bentes é uma das que defende essa tese em seus textos. Ver sobre esse tema a entrevista de Ivana Bentes a Lílian Fontes, intitulada "Os marginais midiáticos", publicada na revista *Rio Artes*, n. 34 (FONTES, 2003, p. 17-19).

propomos a discutir também um pouco da linguagem e da estética deste filme de Fernando Meirelles.

No célebre texto que abre o livro *As palavras e as coisas*, sobre a obra *Las meninas* de Velásquez, assim como em "Isto não é um cachimbo" (sobre Magritte), publicado originalmente em *Les Cahiers du Chemin*, Michel Foucault nos oferece farto material para pensarmos o complexo problema da linguagem – ou das linguagens. Nos dois textos, o foco é a pintura; mais do que isso, o foco é o problema da representação. O autor nos fala da irredutibilidade da linguagem à imagem, e desta àquela. Da impossibilidade de, pela palavra, referirmos em plenitude o que "estaria" nas imagens pintadas. Haveria um trabalho infinito – diante de um quadro, por exemplo –, uma tarefa para sempre incompleta:

> [...] por mais que se diga o que se vê, o que se vê não está jamais no que se diz, e por mais que se faça ver por imagens, metáforas, comparações o que se vai dizer, o lugar onde elas resplandecem não é aquele que os olhos percorrem, mas aquele que as sucessões da sintaxe definem (FOUCAULT, 2001, p. 201-202).

Podemos, no caso de *Cidade de Deus*, procurar os personagens do romance de Paulo Lins e nomeá-los, reconhecê-los na narrativa fílmica de Meirelles. Podemos até apontar com o dedo meninos e meninas "reais", verdadeiramente existentes na favela Cidade de Deus, do Rio de Janeiro (aqueles dos anos 1970 e 1980, bem como os jovens de nossos dias) e dizer: o filme "representa" essa realidade, fala dessas pessoas. De fato, seria ingênuo afirmar que o cineasta tratou de outra realidade, e não dessa. Também é necessário estabelecer distinções entre filmes mais elaborados e filmes menos elaborados, filmes mais "vitais" e filmes menos "vitais", como sugere a crítica Ivana Bentes, filmes mais eficazes e filmes menos eficazes na comunicação com o grande público, como refere o estudioso Ismail Xavier (2003). Eu diria: é preciso distinguir filmes cuja narrativa seria mais (ou menos) marcada pelo desejo de tudo dizer, de tudo cobrir, deixando ou não espaços para a criação possível dos espectadores. Alain Badiou (2004) prefere distinguir filmes que se caracterizariam por ser mais carregados de impurezas, de outros, mais "puros" – entendendo que desde sempre o cinema seria amarrado a impurezas como as ligadas às condições de produção industrial, busca de maior número de espectadores, dependência de financiamentos, etc.

Nessa perspectiva, poderíamos dizer que *Cidade de Deus* seria um filme de grande público, pleno de "impurezas", principalmente porque se entrega à linguagem do clipe, à espetacularização da violência, sem oferecer espaços em branco, assim como o drama *O que você faria? (El método*, de

Marcelo Piñeyro, 2005). Pode-se inventar um nome para esse gênero de narrativa: filme-soco-no-estômago. Filmes que, ao acender das luzes na sala de exibição, nos fazem dizer: "não quero viver numa sociedade como essa".

Ora, talvez pudéssemos pensar que filmes como esse seriam feitos de uma "impureza" fundamental: carregariam em si o desejo de atar o mais fortemente possível as imagens às coisas, no esforço inatingível de confundir o visível com o "real". Justamente o que nos diz Foucault é que o fato de algo se fazer visível, em pinturas ou outras imagens, atestaria seu afastamento de qualquer realidade. O filme, por meio de suas imagens, ele mesmo configura uma certa realidade, aliás, outra realidade: apesar de todo o esforço em retratar, em refletir, em imitar, haveria no cinema (e em qualquer outra criação como a pintura ou a dramaturgia ou mesmo a música) uma invisibilidade profunda, a impossibilidade total de algo se fazer presente, "mesmo em uma representação que se oferecesse a si mesma como espetáculo" (FOUCAULT, 2001, p. 209).

No texto sobre Blanchot, *O pensamento do exterior*, Foucault (1990) nos impulsiona a abandonar a dicotômica ideia de que existiria alguma coisa lá fora – a pobreza e a violência nas favelas brasileiras, exibidas em *Cidade de Deus*, por exemplo – enquanto nós, espectadores, ou o próprio diretor Fernando Meirelles, estaríamos na outra ponta, donos da palavra, das imagens, numa relação polarizada, a nomear de outra forma aquilo que vemos e observamos; a interpretar e classificar as coisas ditas e observadas, a articular palavras e coisas, numa relação de mútua dependência. Tal dicotomia replica uma concepção de linguagem segundo a qual insistimos em negar a vida como acontecimento, de modo a relacionar a linguagem à eternidade, ao tempo, ao próprio sujeito-autor (FOUCAULT, 1990, p. 73). Foucault convida a pensar a linguagem para além daquilo que ela quer dizer, para além das formas pelas quais ela é dita. Nesse sentido, a música, a literatura, o cinema, a pintura, enfim, todas as artes, seriam aquilo que perturba o grande modelo da representação. Foucault, Deleuze e tantos outros autores nos mostraram, a partir da literatura e do cinema especialmente, o não isomorfismo entre ver e falar, entre o visto e o falado, entre a palavra e a coisa. Criar, escrever, pintar e filmar são dessa ordem, têm a ver com esse espaço que não se deixa apanhar por completo, que é luta, que é fuga do instituído, que jamais se torna forma fixa – embora na pintura, no cinema e na literatura também se possam evidenciar a força do instituído, a lógica do mercado, a busca de soluções menos vitais de linguagem, que acabam por limitar criações como, a meu ver, é o caso de *Cidade de Deus*, em muitos aspectos.

Talvez um dos exemplos mais evidentes de "fuga do instituído" neste filme de Meirelles esteja concentrado na figura do personagem-narrador,

Buscapé: o menino consegue escapar ao instituído, à violência da favela, através da realização do sonho de se tornar fotógrafo. Mas o personagem (vivido por Alexandre Rodrigues) é construído de tal forma que a fotografia não parece emergir para ele como força desestabilizadora da ordem violenta vigente. Haveria, assim, a opção por uma solução individual, quase excepcional, ao mesmo tempo em perfeita conexão com outras ordens instituídas, como a dos meios de comunicação de massa (no caso, o grande jornal, para o qual Buscapé vende as fotos do bando de Zé Pequeno).

Já o personagem Bené, considerando o modo como foi construído – seja pelo roteiro de Braulio Mantovani e a direção de Meirelles, seja pela própria *performance* do ator Phelipe Haagensen –, interpela o espectador em direção a algo mais do que a negação de um tipo de vida, que para ele estava se tornando intolerável: esse algo mais começa pelo ato de pintar o cabelo, vestir roupa de *playboy*, namorar como qualquer menino de sua idade, e culmina no encontro em grande estilo com todos os amigos, na hora de dançar e festejar uma nova vida imaginada como possível. Tudo isso é narrado com uma delicadeza que deixa espaços não cobertos por estratégias de "significações cheias". Certamente, esse personagem e a história que através dele se narra no filme não se comparam a tantas outras histórias e sequências cinematográficas, em que o cineasta consegue imaginar cenas que são verdadeiras sínteses entre questões não conciliáveis entre si. Alain Badiou, no texto "El cine como experimentación filosófica", lembra o filme *Os amantes crucificados*, do japonês Mizoguchi, e cita uma dessas impossibilidades: conciliar o acontecimento do amor com as regras comuns da vida. Resulta que uma das opções, para os dois amantes de Mizoguchi, é mudar radicalmente o curso da sua vida, no caso, deixar-se morrer (já que a ordem social proíbe o amor da mulher que traiu seu marido), não sem antes olhar e sorrir para a câmera, anunciando a possibilidade de algo para além do instituído – promessa para aqueles dois personagens, promessa para os espectadores também (BADIOU, 2004).

Finalmente, importa ressaltar ainda as várias camadas de olhares que se sobrepõem e se entrecruzam no filme de Meirelles: o olhar de Buscapé, intermediado pelo olho da máquina fotográfica, por sua vez mediado pelo olho da câmera de Meirelles (que *olha* a escrita de Paulo Lins), além do nosso olhar de espectador. Todos esses olhares acabam por narrar aquelas histórias desafortunadas dos meninos e das meninas da favela Cidade de Deus, reforçando a impossibilidade de dizer por completo que "isto *é* a favela Cidade de Deus", "isto *é* a violência e a pobreza no Brasil" e, ao mesmo tempo, reforçando a escolha de uma linguagem que busca exatamente afirmar: "isto *é*".

Quando Meirelles nos faz ouvir *Metamorfose ambulante*, pode sugerir a ligação entre a transformação do personagem Bené (e então temos apenas uma busca de colagem simplista das palavras às coisas); mas há traição aí, a traição dada pela própria composição de Raul Seixas, da qual temos memória e que aciona sentidos, eles também ambulantes, sentidos que escapam a interpretações e subordinações menores e fáceis, e que diriam respeito a rastros de ausências, possibilidades de pensarmos outra coisa para além do *é*. Da mesma forma, no momento em que o diretor nos faz ouvir Cartola (a música e a letra de *Preciso me encontrar*), vemos que o personagem Buscapé torna-se mais do que um menino querendo sair da favela para se tornar fotógrafo. Traições das imagens. Traições das palavras. Multiplicação de sentidos. Impossibilidade de fixações.

Na descrição que Foucault (2001) faz de duas pinturas de René Magritte ("Isto não é um cachimbo" e "A arte da conversação"), encontramos argumentos para pensar o quanto as figuras (ou as sequências de um filme, como aqui estamos pensando), por mais que se assemelhem a uma coisa, a um objeto, a um fato da realidade, por mais que através delas queiramos afirmar ou denominar algo, sugerem sempre outras relações, "bruscas invasões destrutivas, avalanchas de imagens no meio das palavras, fulgores verbais que sulcam os desenhos e os fazem voar em estilhaços" (FOUCAULT, 2001, p. 257).

Penso que a análise de *Cidade de Deus*, como de qualquer outro filme ou produto audiovisual, como de qualquer imagem pictórica, na perspectiva de Foucault, pode se tornar um exercício dos mais criativos, na medida em que nos afastamos do grande modelo da representação, da busca das interpretações desejosas de descobrir o que estaria "por trás" das coisas ditas, para mergulhar nas superfícies profundas das imagens e textos, sem a pretensão de acordá-los de um sono – num gesto que, por fim, lhes restituiria, de verdade, o que *queriam dizer* efetivamente. O que busquei neste texto foi, de um lado, olhar o filme *Cidade de Deus* apontando para duas temáticas caras ao filósofo – no caso, os modos de exclusão aprendidos por séculos na sociedade ocidental, e que não cansam de se transformar e de retornar, sempre outros: meninos e meninas infames, alçados à fama, pelas lentes de Meirelles; além disso, o problema do direito de vida e de morte na cultura ocidental, com sua recriação em tempos recentes. De outro, procurei mostrar a impossibilidade de um filme como esse dar conta de uma dada realidade, como representação, como afirmação do que *é* ou do que *de fato* seria a história de uma grande favela no Rio de Janeiro, nos anos 1970 e 1980 – embora as escolhas do diretor indicassem esforços bastante nítidos de mostrar *o que é*, num ritmo veloz e quase asfixiante de cobrir todos os vazios, amarrando de certa forma o espectador à lógica do "soco no estômago".

Mesmo assim, mesmo contando com uma linguagem por vezes fechada, o filme gerou, e ainda gera, inúmeras polêmicas, inúmeras possibilidades de leituras, desde aquela que apontou a vinculação do cineasta à "estética da pobreza" e à transformação da violência em espetáculo, até aquele que levou e leva ao aplauso do grande público, no Brasil e no exterior, identificado com a necessidade de mostrar "a cara" deste País, para além do samba e do futebol, das mulheres bonitas e das praias ensolaradas. A não identificação com a narrativa do filme, por parte dos moradores da favela "real", também pode ser incluída nessa trama interminável de olhares que se multiplicam, anunciando mais uma vez que operamos sempre com interpretações sobre interpretações. Por mais que queiramos, estamos impossibilitados de cercar as coisas ditas e apontar nelas o que de fato elas *queriam dizer*. No filme *Cidade de Deus,* evidenciamos o cruzamento de vários discursos: o discurso da técnica cinematográfica, inseparável do discurso econômico e do discurso publicitário, do discurso político, da afirmação do cinema brasileiro, em detrimento talvez de uma linguagem mais experimental, que possivelmente desse mais a pensar. Que nos colocasse na situação de espectadores-pensantes, ao modo de Foucault, buscando nos diferenciar do que nós mesmos pensamos.

Referências

BADIOU, Alain. El cine como experimentación filosófica. In: YOEL, Gerardo (Comp.). *Pensar el cine I. Imagen, ética y filosofia*. Buenos Aires: Manantial, 2004. p. 23-81.

BARTHES, Roland. *Mitologias*. Rio de Janeiro: Difel, 1980.

BHABHA, Homi. *O local da cultura*. Belo Horizonte: Ed. UFMG, 1998.

BOURDIEU, Pierre. Esboço de uma teoria da prática. In: ORTIZ, Renato. *Pierre Bourdieu*. São Paulo: Ática, 1983. p. 46-81.

BOURDIEU, Pierre. Introdução a uma teoria reflexiva. In: *O poder simbólico*. Lisboa: Difel, 1989. p. 17-58.

BRANDÃO, Helena. *Introdução à análise do discurso*. Campinas: Ed. Unicamp, 1993.

COSTA, Jurandir Freire. O sujeito em Foucault: estética da existência ou experimento moral? *Tempo social*. São Paulo: USP, v. 7, n. 1-2, p. 121-138, out. 1995.

COSTA, Jurandir. *Razões públicas, emoções privadas*. Rio de Janeiro: Rocco, 1999.

COSTA, Jurandir. *Sem fraude nem favor*. Rio de Janeiro: Rocco, 1998.

DELEUZE, Gilles. *Conversações: 1972-1990*. São Paulo: Ed. 34, 1992.

DELEUZE, Gilles. *Foucault*. São Paulo: Brasiliense, 1991.

DELEUZE, Gilles; GUATTARI, Félix. *O que é a filosofia?* São Paulo: Ed. 34, 2001.

DIDI-HUBERMAN, Georges. *O que vemos, o que nos olha*. Tradução de Paulo Neves. São Paulo: Ed. 34, 1998.

DOSSE, François. *História do estruturalismo* – I. O campo do signo / 1945-1966. Campinas: Ed. UNICAMP, 1993.

DREYFUS, Hubert; RABINOW, Paul. *Michel Foucault, uma trajetória filosófica: para além do estruturalismo e da hermenêutica*. Rio de Janeiro: Forense, 1995.

DREYFUS, Hubert; RABINOW, Paul. *Michel Foucault. Un parcours philosophique*: au-delà de l'objectivité et de la subjectivité. Paris: Gallimard, 1984.

FISCHER, Rosa Maria Bueno. "Técnicas de si" na TV: a mídia se faz pedagógica. *Educação UNISINOS*, v. 4 (7), p. 111-139, 2000.

FISCHER, Rosa Maria Bueno. A análise do discurso: para além de palavras e coisas. *Educação & Realidade*. Porto Alegre, UFRGS, v. 20, n. 2, p. 18-37, jul./dez. 1995.

FISCHER, Rosa Maria Bueno. A paixão de 'trabalhar com' Foucault. In: COSTA, Marisa Vorraber (Org.). *Caminhos investigativos I*: novos olhares na pesquisa em educação. Rio de Janeiro, DP&A, 2002a. p. 39-60.

FISCHER, Rosa Maria Bueno. *Adolescência em discurso*: mídia e produção de subjetividade. 1996. 297 f. Tese (Doutorado em) – Programa de Pós-Graduação em Educação, Universidade Federal do Rio Grande do Sul (PPGEDU/UFRGS), Porto Alegre, 1996.

FISCHER, Rosa Maria Bueno. *Alteridade e cultura midiática:* memórias de juventude. Porto Alegre: UFRGS/CNPq, 2004. Projeto de pesquisa (mimeo).

FISCHER, Rosa Maria Bueno. Escrita acadêmica: arte de assinar o que se lê. In: COSTA, Marisa Vorraber (Org.). *Caminhos investigativos III: Riscos e possibilidades de pesquisar nas fronteiras*. Rio de Janeiro: DP&A, 2005. p. 117-140.

FISCHER, Rosa Maria Bueno. Foucault e a análise do discurso em educação. *Cadernos de Pesquisa*, n. 114, p. 197-223, 2001a.

FISCHER, Rosa Maria Bueno. Foucault e o desejável conhecimento do sujeito. *Educação & Realidade*. Porto Alegre: UFRGS/FACED, v. 24, n. 1, jan./jun. 1999, p. 39-59.

FISCHER, Rosa Maria Bueno. Foucault e os meninos infames de cidade Deus. *Revista Educação Especial* - Biblioteca do Professor, São Paulo, p. 56-65, jan. 2007.

FISCHER, Rosa Maria Bueno. Mídia e educação da mulher: uma discussão teórica sobre modos de enunciar o feminino na TV. *Revista Estudos Feministas*, v. 9(2), p. 586-599, 2001b.

FISCHER, Rosa Maria Bueno. *Mídia, juventude e reinvenção do espaço público*. Relatório Parcial de Pesquisa. Porto Alegre: UFRGS/ CNPq, 2004b.

FISCHER, Rosa Maria Bueno. Na companhia de Foucault: multiplicar acontecimentos. *Educação & Realidade*. Porto Alegre, FACED/UFRGS, v. 29, n. 1, jan./jun. 2004, p. 215-227.

FISCHER, Rosa Maria Bueno. O estatuto pedagógico da mídia: questões de análise. In: *Educação & Realidade*. Porto Alegre: UFRGS/FACED, v. 22, n. 2, jul./dez.1997, p. 59-79 (publicado em jan. 1999).

FISCHER, Rosa Maria Bueno. Problematizações sobre o exercício de ver: mídia e pesquisa em educação. *Revista Brasileira de Educação*, Rio de Janeiro, ANPED, n. 20, mai./jun./jul./ago. 2002b, p. 83-94.

FISCHER, Rosa Maria Bueno. *Televisão & educação: fruir e pensar a TV*. Belo Horizonte: Autêntica, 2003.

FISCHER, Rosa Maria Bueno. Verdades em suspenso: Foucault e os perigos a enfrentar. In: COSTA, M.V. (Org.). *Caminhos investigativos II: outros modos de pensar a fazer pesquisa em educação*. Rio de Janeiro, DP&A, 2002b. p. 49-71.

FONTES, Lilian. Os marginais midiáticos (entrevista com Ivana Bentes). *Rio Artes*. Rio de Janeiro: Rio Arte, Secretaria das Culturas, ano 12, n. 34, 2003, p. 17-19.

FOUCAULT, Michel. *A arqueologia do saber*. Tradução de Luiz Felipe Baeta Neves. Rio de Janeiro: Forense, 1986.

FOUCAULT, Michel. *A hermenêutica do sujeito*. Tradução de Márcio Alves da Fonseca e Salma Tannus Muchail. São Paulo: Martins Fontes, 2004a.

FOUCAULT, Michel. *A ordem do discurso*. Tradução de Laura Fraga de Almeida Sampaio. São Paulo: Loyola, 1996.

FOUCAULT, Michel. À propos de la généalogie de l'éthique: um aperçu du travail em cours. In: DREYFUS, Hubert; RABINOW, Paul. *Michel Foucault. Un parcours philosophique: au-delà de l'objectivité et de la subjectivité*. Paris: Gallimard, 1984a, p. 322-346.

FOUCAULT, Michel. A vida dos homens infames. In: *O que é um autor?* Tradução de António Fernando Cascais e José Bragança de Miranda. Lisboa: Vega/Passagens, 1992. p. 89-128.

FOUCAULT, Michel. *Arqueologia das ciências e história dos sistemas de pensamento*. Ditos e escritos II. Rio de Janeiro: Forense, 2000.

FOUCAULT, Michel. *As palavras e as coisas*. Lisboa: Portugália, [s.d.].

FOUCAULT, Michel. Crescer e multiplicar. In: *Arqueologia das ciências e história dos sistemas de pensamento*. Ditos e escritos II. Rio de Janeiro: Forense, 2000a. p. 255-259.

FOUCAULT, Michel. Deux essais sur le sujet et le pouvoir. In: DREYFUS, Hubert; RABINOW, Paul. *Michel Foucault. Un parcours philosophique*: Au-delà de l'objectivité et de la subjectivité. Paris: Gallimard, 1984b.

FOUCAULT, Michel. *Dits et écrits* (II - 1970-1975). Paris: Gallimard, 1994.

FOUCAULT, Michel. El sujeto y el poder. *Revista Mexicana de Sociologia*, UNAM, México, v. 2, n. 3, jul./set. 1988, p. 3-20.

FOUCAULT, Michel. *Estética: Literatura e pintura, música e cinema*. Ditos e Escritos III. Tradução de Inês Autran Dourado. Rio de Janeiro: Forense, 2001.

FOUCAULT, Michel. *Eu, Pierre Rivière, que degolei minha mãe, minha irmã e meu irmão*. Tradução de Nize Lezan de Almeida. Rio de Janeiro: Graal, 1977.

FOUCAULT, Michel. *História da loucura na idade clássica*. São Paulo: Perspectiva, 1995a.

FOUCAULT, Michel. *História da sexualidade I: a vontade saber*. Tradução de Maria Thereza da Costa Albuquerque. Rio de Janeiro: Graal, 1990a.

FOUCAULT, Michel. *História da sexualidade II*: o uso dos prazeres. Tradução de Maria Thereza da Costa Albuquerque. Rio de Janeiro: Graal, 1990b.

FOUCAULT, Michel. *História da sexualidade III*: o cuidado de si. Tradução de Maria Thereza da Costa Albuquerque. Rio de Janeiro: Graal, 1985.

FOUCAULT, Michel. *L'ordre du discours*. Paris: Gallimard, 1971.

FOUCAULT, Michel. Michel Foucault explica seu último livro. In: *Arqueologia das ciências e história dos sistemas de pensamento*. Ditos e escritos II. Tradução de Elisa Monteiro. Rio de Janeiro: Forense, 2000b. p. 145-152.

FOUCAULT, Michel. *Microfísica do poder*. Tradução de Roberto Machado. Rio de Janeiro: Graal, 1992a.

FOUCAULT, Michel. Nietzsche, a genealogia e a história. In: *Arqueologia das ciências e história dos sistemas de pensamento*. Ditos e escritos II. Tradução de Elisa Monteiro. Rio de Janeiro: Forense, 2000c, p. 260-281.

FOUCAULT, Michel. *O governo de si e dos outros*. Tradução de François Ewald e Alessandro Fontana. São Paulo: Martins Fontes, 2010.

FOUCAULT, Michel. *O nascimento da clínica*. Rio de Janeiro: Forense, 2003.

FOUCAULT, Michel. *O pensamento do exterior*. São Paulo: Princípio, 1990c.

FOUCAULT, Michel. *O que é um autor?* Lisboa: Vega/Passagens, 1992c.

FOUCAULT, Michel. O sujeito e o poder. In: DREYFUS, H. L.; RABINOW, P. *Michel Foucault. Uma trajetória filosófica: para além do estruturalismo e da hermenêutica*. Rio de Janeiro: Forense Universitária, 1995b, p.231-249.

FOUCAULT, Michel. Polêmica, Política e Problematizações. In: *Ética, sexualidade, política*. Ditos & Escritos V. Rio de Janeiro: Forense Universitária, 2004b. p. 225-233.

FOUCAULT, Michel. *Résumés de cours (1970-1982)*. Paris: Julliard, 1989.

FOUCAULT, Michel. Sobre a genealogia da ética: uma revisão do trabalho. In: DREYFUS, H.; RABINOW, P. *Michel Foucault, uma trajetória filosófica. Para além do estruturalismo e da hermenêutica*. Rio de Janeiro, Forense, 1995c. p. 253-278.

FOUCAULT, Michel. *Tecnologías del yo Y otros textos afines*. Barcelona: Paidós / Universidad Autónoma de Barcelona, 1995d.

FOUCAULT, Michel. Theatrum Philosophicum. In: *Arqueologia das ciências e história dos sistemas de pensamento*. Ditos e escritos II. Rio de Janeiro: Forense, 2000d. p. 230-254.

FOUCAULT, Michel. *Vigiar e punir*. Tradução de Lígia M. Ponde Vassallo. Petrópolis: Vozes, 1991.

GROS, Frédéric. Situação do curso. In: FOUCAULT, Michel. *A hermenêutica do sujeito*. São Paulo: Martins Fontes, 2004a. p. 613-661.

HOY, David Couzens (Org.). *Foucault: a critical reader*. New York: 1987.

KEHL, Maria Rita. Um épico de vidas infames. *Folha de S. Paulo*, Caderno Mais! São Paulo, 13/11/2005, p. 3. Disponível em: <http://www1.folha.uol.com.br/fsp/mais/fs1311200504.htm>. Acesso em: 5 mar. 2006.

KRISTEVA, Julia. L'âme et l'image. In: *Les nouvelles maladies de l'âme*. Paris: Fayard, 1993. p. 9-47.

LACLAU, Ernesto. A política e os limites da modernidade. In: HOLLANDA, Heloísa B. (Org.). *Pós-modernimo e política*. Rio de Janeiro: Rocco, 1991. p. 127-150.

LARROSA, Jorge. Tecnologias do eu e educação. In: SILVA, Tomaz Tadeu da (Org.). *O sujeito da educação: estudos foucaultianos*. Petrópolis: Vozes, 1994. p. 35-86.

LEPARGNEUR, Hubert. *Introdução aos estruturalismos*. São Paulo: Edusp/Herder, 1972.

LINS, Paulo. *Cidade Deus*. São Paulo: Cia. das Letras, 2002.

LISPECTOR, Clarice. *Aprendendo a viver*. Rio de Janeiro: Rocco, 2004.

MACHADO, Arlindo. *A arte do vídeo*. São Paulo: Brasiliense, 1988.

MACHADO, Arlindo. *Máquina e imaginário: o desafio das poéticas tecnológicas*. São Paulo: Edusp, 1996.

MACHADO, Roberto. *Ciência e saber:* a trajetória da arqueologia de Michel Foucault. Rio de Janeiro: Graal, 1988.

MAINGUENEAU, Dominique. *Novas tendências em análise do discurso*. Campinas: Pontes; Unicamp, 1993.

MARCELLO, Fabiana de Amorim. *Criança e imagem no olhar sem corpo do cinema*. 2008. 237 f. Tese (Doutorado em Educação) – Faculdade Educação, Universidade Federal do Rio Grande do Sul, Porto Alegre, 2008.

MEHL, Dominique. *La télévision de l'intimité*. Paris: Seuil, 1996.

MV BILL. Depoimento ao *site* Globo.com, edição de 26/03/2006. In: <http://fantastico.globo.com/Jornalismo/Fantastico/0,,AA1159915-4005,00.html>. Acesso em: 10 set. 2006.

ORLANDI, Eni. *A linguagem e seu funcionamento: as formas do discurso*. Campinas: Pontes; Unicamp, 1987.

PINTO, Célia Regina Jardim. *Com a palavra o senhor Presidente Sarney: ou como entender os meandros da linguagem do poder*. São Paulo: Hucitec, 1989.

RAGO, Margareth; VEIGA-NETO, Alfredo (Orgs.). *Figuras de Foucault*. Belo Horizonte: Autêntica, 2006.

RAJCHMAN, John. *Foucault: a liberdade da filosofia*. Tradução de Álvaro Cabral. Rio de Janeiro: Zahar, 1987.

SAID, Edward W. Foucault and the Imagination of Power. In: HOY, David Couzens (Ed.). *Foucault. A Critical Reader*. Oxford: Basil Blackwell, 1986. p. 149-155.

SARLO, Beatriz. *Cenas da vida pós-moderna: intelectuais, arte e videocultura na Argentina*. Rio de Janeiro: Ed. UFRJ, 1997.

SKLIAR, Carlos. A invenção e a exclusão da alteridade "deficiente" a partir dos significados da normalidade. *Educação & Realidade*. Porto Alegre, FACED/UFRGS, v. 24, n. 2, jul./dez. 1999, p. 15-32.

SÓFOCLES. *Antígona*. Tradução de Donaldo Schuler. Porto Alegre: L&PM, 1999.

SOUZA, Jessé. *A construção social da subcidadania*. Belo Horizonte: Ed. UFMG, 2003.

VEIGA-NETO, Alfredo. *A ordem das disciplinas*. 1996. 340 f. Tese (Doutorado em Educação) – Programa de Pós-Graduação em Educação, Universidade Federal do Rio Grande do Sul (PPGEDU/UFRGS), Porto Alegre, 1996.

VEIGA-NETO, Alfredo: FISCHER, Rosa Maria Bueno. Foucault, um diálogo, *Educação & Realidade*, v. 29, n. 1, jan./jun. 2004. p. 7-25.

VEYNE, Paul. *Como se escreve a história: Foucault revoluciona a história*. Brasília: Ed. UnB, 1982.

VEYNE, Paul. *Foucault, o pensamento, a pessoa*. Tradução de Luís Lima. Lisboa: Texto & Grafia, 2008.

XAVIER, Ismail. *O olhar e a cena*. São Paulo: Cosac & Naify, 2003.

Este livro foi composto com tipografia Bembo e impresso
em papel Off Set 75 g na Formato Artes Gráficas.